EL LIBRO DEL MAL DE OJO
Y DE LOS HECHIZOS

EL LIBRO DEL MAL DE OJO Y DE LOS HECHIZOS

EQUIPO DE EXPERTOS OSIRIS

A pesar de haber puesto el máximo cuidado en la redacción de esta obra, el autor o el editor no pueden en modo alguno responsabilizarse por las informaciones (fórmulas, recetas, técnicas, etc.) vertidas en el texto. Se aconseja, en el caso de problemas específicos —a menudo únicos— de cada lector en particular, que se consulte con una persona cualificada para obtener las informaciones más completas, más exactas y lo más actualizadas posible.
EDITORIAL DE VECCHI, S. A. U.

© Editorial De Vecchi, S. A. 2018
© [2018] Confidential Concepts International Ltd., Ireland
Subsidiary company of Confidential Concepts Inc, USA
ISBN: 978-1-68325-817-9

El Código Penal vigente dispone: «Será castigado con la pena de prisión de seis meses a dos años o de multa de seis a veinticuatro meses quien, con ánimo de lucro y en perjuicio de tercero, reproduzca, plagie, distribuya o comunique públicamente, en todo o en parte, una obra literaria, artística o científica, o su transformación, interpretación o ejecución artística fijada en cualquier tipo de soporte o comunicada a través de cualquier medio, sin la autorización de los titulares de los correspondientes derechos de propiedad intelectual o de sus cesionarios. La misma pena se impondrá a quien intencionadamente importe, exporte o almacene ejemplares de dichas obras o producciones o ejecuciones sin la referida autorización». (Artículo 270)

Índice

INTRODUCCIÓN	7
CONCEPTOS FUNDAMENTALES	11
Diferencias entre el mal de ojo y la hechicería	11
Vampirismo	15
Hombre lobo	17
Posesión	19
Demonomanía	19
Magia blanca y magia negra	21
EL MAL DE OJO	27
Protección hacia el mal de ojo	31
El mal de ojo por correo y por teléfono	43
LOS HECHIZOS	47
Requisitos	48
Fases de un hechizo	52
Tipos de hechizos	57
Síntomas y diagnóstico de los hechizos	67
El retorno	73
Historia de los hechizos	75

LOS CONTRAHECHIZOS 79
Contrahechizo de disgregación 79
Contrahechizo de absorción 80
El gato 81
La trasmutación esotérica 81
Neutralización 82
La purificación de la casa 83
La magia de la sangre 86

CÓMO PROTEGERSE DE LAS FUERZAS DEL MAL . 93
El bien y el mal en las plantas 94
El bien y el mal en los animales 100
La protección hacia los hechizos y el mal de ojo . . . 109

MAGIA Y HOMBRE: EL PROBLEMA MORAL
   DEL ACTO MÁGICO 123

Introducción

El esoterismo y su práctica siempre han existido en todas las sociedades y culturas por distintos motivos y, de hecho, constituyen la base moral, ética y cultural de muchas de ellas, sobre todo de las llamadas «subdesarrolladas», es decir, de las tribus que suelen ser objeto de estudio de los antropólogos. Un ejemplo de la creencia en tales prácticas son las ilustraciones halladas en la mayoría de los monumentos prehistóricos; en ellos, se puede ver cómo el encantamiento es la defensa que utiliza el hombre para protegerse de aquello que consideraba fuera de su alcance material, es decir, del cuerpo.

El cuerpo constituye una de las dos partes del dualismo humano; la segunda es el espíritu. Entre el cuerpo y el espíritu se halla algo intermedio que es lo que los domina, la sustancia pensante, es decir la mente. Esta mente se ve conducida por algo superior a ella y al hombre en sí que es el alma. El alma es la dueña de la mente y lleva en ella la parte más determinante de la vida de cualquier persona: los sentimientos. Y cuando hablamos de sentimientos, hablamos también de valores, de moral, de ética de comportamiento, de voluntad.

El odio y el amor, la amistad y la hostilidad, la sinceridad y la mentira, todo está inmerso en esta sustancia indefinida y desconocida que es el alma. Por lo tanto, las almas que son tantas como hombres, como personas existen, son las que proyectan unos sentimientos u otros, las que rigen las relaciones interhumanas, las que deciden quién sí y quién no, a quién hay que querer y a quién no, a quién hay que desearle mala suerte y a quién hay que rechazar por completo. Los hechizos y el mal de ojo no son más que una señal más de este hecho que ha movido a los seres humanos desde siempre.

Tanto el mal de ojo como los hechizos existen, aunque se quiera identificar desconocimiento e inexistencia. El mal de ojo es, quizá, mucho más accesible y común, puesto que es algo que se hace casi todos los días. Cualquier deseo de mal hacia alguien, los celos, el egoísmo, la envidia, son males de ojo. El pensamiento es una realidad, no empírica, pero realidad al fin y al cabo. Así pues, si odiamos, seremos odiados, si sentimos celos, sentirán celos hacia nosotros, si amamos, seremos amados. Por lo tanto, el mal de ojo es una realidad en la medida que proporciona lo que se da. Dicho de otra forma, si hoy deseamos que un vecino nuestro pierda el autobús durante todo el día, no será de extrañar que mañana nuestro vecino desee lo mismo para nosotros.

La energía humana existe y se proyecta. El mal de ojo es una forma de proyección de esa energía, por lo que si odiamos a alguien, ese alguien se dará cuenta porque proyectaremos ese odio continuamente. Y en esta medida, el lenguaje juega un papel fundamental. Cualquier fórmula agresiva puede provocar una respuesta del mismo tipo, por ejemplo, si al conocer a la novia de un hermano nuestro decimos «Hermano, esta chica aparte de ser fea, es la persona más estúpida e ignorante que he conocido», estamos proyectando un sentimiento negativo hacia esa chica y hacia la relación que nuestro hermano tiene con ella, a pesar de que tal frase en muchos contextos pueda provocar lo contrario, es decir, que nuestro hermano conozca mejor a la persona que tiene a su lado.

El hechizo es más sutil que el mal de ojo porque no es producto del inconsciente o de un arrebato. Es algo mucho más pensado, es algo a lo que se recurre para encontrar una fórmula de mal. Si el mal de ojo es un acto involuntario, el hechizo no lo es. Forma parte de una maquinación, de la mentalización de algún individuo para dañar a alguien; en este sentido, los hechizos son más perversos que el mal de ojo.

El universo está regido por dos fuerzas antagónicas, el bien y el mal, que proporcionan un equilibrio antagónico a las fuerzas ocultas, a esas fuerzas desconocidas por nosotros pero en cambio existentes. Todas las culturas tienen un concepto de bien y de mal, algún tipo de varemo a partir del cual formulan los juicios necesarios para determinar qué acciones son las que se pueden calificar de buenas y cuáles son las que se pueden calificar de malas. De todas formas, el absoluto, es decir, el concepto universal de bien y de mal no lo tiene ningún hombre, sino sólo el sabio.

El bien hace posible que se distinga el mal y el mal hace posible que se distinga el bien, de forma que, entre ellos, son complementarios, puesto que el uno no sería posible sin el otro ni al revés. Entre los dos, consiguen que exista un movimiento. Si no existieran los dos no habría movimiento con lo que no se podría llegar a la perfección que es el bien; desde este punto de vista, la pasividad es peor que el mal.

Este libro intenta ser una explicación a los dos términos ya nombrados, *mal de ojo* y *hechizos*, identificándolos con el bien y el mal, a la par que introducirá un análisis del problema que supone el estudio de esta materia. Aunque en los últimos tres siglos la ciencia ha vencido a la creencia, hoy hay un resurgimiento de estas creencias y una nueva tendencia hacia ellas: la puesta en marcha de una verdadera investigación científica de las mismas.

Conceptos fundamentales

Para una mejor comprensión de la materia y para poder adentrarnos al máximo en ella, en este capítulo se aclararán cada uno de los conceptos fundamentales necesarios para sacar el máximo partido de este libro.

Diferencias entre el mal de ojo y la hechicería

Como ya hemos dicho en la introducción, el mal de ojo y el hechizo son cosas distintas, si bien las dos son envíos de energía negativa hacia alguien. El mal de ojo es energía negativa enviada involuntariamente (es esencial en el mal de ojo tener en cuenta que es completamente involuntario), sobre personas o cualquier tipo de ser vivo, por parte de alguien que alimenta sentimientos malévolos hacia los mismos. El hechizo es una acción totalmente voluntaria (la voluntad, existente en el hechizo, es el principal rasgo que lo distingue del mal de ojo). Si se habla de hechizos se habla de un encantamiento de magia baja, de brujería y sus objetivos son muy definidos. Se trata de un móvil mágico y pensado que por medio de un ritual pone en marcha fuerzas altamente negativas El que opera con este tipo de energías recibe todo aquello que maquina. El hechizo es negativo, es malo, sea cual sea el fin, sea amoroso u homicida.

En cuanto al hechicero, hay que decir que no todo el mundo puede serlo. El hechicero posee un tipo de conocimiento especial, un conocimiento orientado hacia el mal, por supuesto, pero superior al fin y al cabo. Los que se quieran adentrar en la parapsicología llegarán a ser buenos adivinos o videntes, pero no podrán utilizar más medios externos que las cartas, el péndulo o la esfera de cristal. Los brujos son compadecidos y ayudados por pensamientos de amor. Estas personas creen haber alcanzado el conocimiento y, en cambio, son las primeras víctimas de sus encantamientos. Se venden ellos mismos por dinero, el que sonsacan a personas que por ignorancia piden los hechizos, pensando resolver de este modo sus problemas. Con este comportamiento, perjudican también a las personas que han ordenado el rito, y alimentan las fuerzas negativas que, subyugando a los hombres necios, combaten las fuerzas del bien. Por ello, hay que tener en cuenta que, aunque las dos materias están dentro de la llamada parapsicología, hay que distinguir entre hechizos, videncia, tarot o poder mental. La hechicería está orientada hacia el mal, el resto simplemente se valen de fuerzas desconocidas pero no perjudiciales.

Los hechizos de amor son los más conocidos y, por su nombre, se tendría que pensar que son los únicos que se salvan de ese carácter negativo de los hechizos en general. Hay que tener en cuenta que un hechizo actúa directamente sobre otra persona, en beneficio del egocentrismo de otra, y la víctima no elige, mejor dicho, no se defiende porque no sabe lo que le está pasando. Así pues, aunque de amor, los hechizos de este tipo también están regidos por el mal, por lo tanto, también son negativos. A pesar de que nombrarlos no porporciona ninguna información práctica a los lectores (quiero decir, con ello, que no se va a enseñar ninguna brujería), merece la pena explicar algunos de ellos para averiguar qué tipo de pensamiento hay bajo tales hechizos.

Los elementos utilizados para tales hechizos están cargados de mensajes sexuales; la sangre menstrual es básica para conseguir el amor de un hombre, y en el caso de querer obtener el amor de una mujer el esperma será la materia prima para el hechizo. También servirán los pelos o el sudor. El lazo es el símbolo más típico y tópico del amor. Un ejemplo de ello es el hechizo que consiste en enrollar tres cabellos, uniéndolos con tres gotas de sangre sacadas del dedo anular izquierdo, el dedo del matrimonio, el de la «verdad». Todo ello se coloca en una botellita, y se mantiene entre los senos durante nueve días y nueve noches; después, se le da al hombre amado un medallón o colgante. En los hechizos de amor, la principal finalidad del encantamiento se basa en el envío, en el plano físico, de sustancias, símbolos, imágenes que, por correspondencia vibratoria, crean una resonancia en el plano anímico.

En los atados se utiliza preferentemente la imagen del corazón. Quien quiere atar a otra persona dibuja dos corazones superpuestos, uno de ellos dirigido hacia arriba (el masculino), y el otro vuelto hacia abajo (el femenino). En los hechizos de amor son muy utilizados los lazos. Las cuerdas a unir son dos: una representa al hombre y otra a la mujer. El nudo se estrecha, de un modo oculto, en presencia de la pareja. Se actúa con otra técnica durante siete días consecutivos: cada día se hace un nudo, pensando de este modo enlazar a la persona amada. Es mejor iniciar el encantamiento en viernes, el día dedicado a Venus, y por tanto al amor, y utilizar un lazo de color rojo, el color de la pasión.

Otros encantamientos se basan en la atracción, pues del mismo modo que el imán atrae al hierro, puede atraer a la persona amada. La tradición popular aconseja a quien busca el amor que lleve encima un imán, o bien que construya un verdadero atado, haciendo incidir sobre dos imanes los nombres de la pareja, y uniéndolos en viernes. De este modo, también se unen simbólicamente los corazones.

En los ligados de amor se utilizan asimismo las fotografías. Se ponen en un sobre las de las dos personas que forman la pareja, vueltas una hacia otra, y se une alguna parte de sus cuerpos, como por ejemplo los cabellos. Se coloca el sobre en un lugar oscuro, y cada noche deben enviarse pensamientos de amor hacia la persona que se desea atar.

Otro importante ingrediente de los atados de amor lo constituyen las hierbas, que la mayoría de las veces son suministradas en los alimentos.

Por último nos queda la denominada atadura del huevo. Se toma un huevo fecundado; en la parte terminada en punta se escribe el nombre del hombre, y sobre la parte más redonda el de la mujer. Después, se tiene en la mano izquierda (la del corazón) hasta que alcance la temperatura corpórea. Al mismo tiempo se envían intensos pensamientos de amor hacia la pareja. Después, se coloca el huevo en el propio dormitorio, en un lugar oscuro, y en el ángulo dirigido hacia la casa del amado. En esta ligazón el huevo representa el acto fecundante (pues es una célula), que cataliza los pensamientos de amor proyectándolos hacia la pareja.

Vistos los hechizos de amor, vayamos a ver de qué manera se puede frenar un hechizo o, mejor dicho, hacer que el hechizo no llegue a su fin, es decir, a someter a la víctima. Los que no quieran enamorarse de alguien que les está hechizando, tomen nota de este apartado. El efecto que origina un estado de hechicería en el atacante, provocado por la víctima, recibe el nombre de contrahechizo. Hay tres tipos de contrahechizo: el efecto boomerang, el contrahechizo de disgregación y el contrahechizo de absorción. El primero es involuntario (parecido al mal de ojo) y se caracteriza por el hecho de que el atacante recibe todo aquello que había planeado para la víctima, automáticamente; en este contrahechizo la víctima no recibe ningún mal. El segundo no es tan simple. Exige la dirección de un buen mago, que no hechicero, porque se trata de enviar una energía opuesta al atacante, de forma que es necesario saber «qué cantidad de energía negativa ha sido enviada», a la par que hay que lograr que el método que se emplee para el contrahechizo sea meramente de defensa y no de «contraataque». El último de ellos es el que se caracteriza por el uso de cristales y piedras preciosas que son unos muy buenos absorbentes de la energía negativa; más adelante, cuando hablemos de la protección hacia los hechizos explicaremos de qué se trata.

La limpieza de los utensilios utilizados para los hechizos recibe el nombre de neutralización. En ocasiones, los hechizos son realizados con posesiones de las víctimas, por lo que estas deben liberarlas de la energía negativa que hay impregnada en ellas. Los objetos utilizados para el hechizo reciben el nombre de frutos que con la neutralización vuelven a un estado normal. El profano en la materia, para llevar a cabo la neutralización, deberá mojarse las manos en agua salada y untarse las yemas de los dedos con cera blanca antes de tocar cualquiera de los frutos; después deberá envolver todos los frutos en papel negro. El experto tendrá suficiente con un talismán protector.

Vampirismo

El vampirismo es un tema que está muy atado a la hechicería y a la magia; en seguida veremos por qué. Lo que es cierto es que el vampirismo existe, aunque no de la forma que la literatura y el cine nos los han presentado, es decir, como hombres con unos largos colmillos que persiguen a la gente en las noches de luna llena para morderles el cuello y exprimirles hasta la última gota de su sangre. Los médicos han diagnosticado una enfermedad que se caracteriza por la falta de sangre y la necesidad de continuas transfusiones a las personas que la sufren; tal enfermedad recibe el nombre de hematodipsia. De todas formas, volviendo a la leyenda popular, hay que tener en cuenta que el vampirismo se puede entender como el abuso de unas personas a otras, del dominio de unas personas sobre otras y, de hecho, la sangre es el símbolo más conocido y tópico del alma, la sangre se entiende, en vampirismo, como símbolo vital.

Pero para tratar el tema de la hechicería y los males de ojo, hay que fijarse con más hincapié en el significado implícito de vampirismo, esto es, en la absorción que ejerce una persona sobre otra. El mismo canibalismo es una forma de vampirismo, puesto que no se come a los hombres con finalidad nutritiva, sino para adquirir las cualidades del individuo. Por tanto, el canibalismo es una forma de homeopatía, con la que, por la asimilación de la carne de una persona, se cree poder adquirir todas las cualidades, fuerzas y conocimientos. Este ritual era utilizado en las tribus salvajes, en donde el jefe era devorado, tras su muerte, por los habitantes del poblado, que creían poder tener de este modo todos sus conocimientos.

En la Antigüedad, se utilizaban técnicas muy particulares para alejar la vejez, la más común de las cuales era la de hacer el amor con jóvenes vírgenes, para nutrirse de su fuerza vital. Una costumbre medieval consistía en que el padre del esposo tenía derecho a la primera noche de bodas.

Los hebreos y los sirios se bañaban en la sangre de los jóvenes para recuperar la juventud, y chupaban leche mezclada con sangre de jóvenes o con sangre de los senos de las jóvenes esclavas nodrizas. Durante la luna llena, chupaban directamente la sangre de los jóvenes esclavos, y después comían perejil con azúcar como afrodisíaco. También comían la médula de los osos jóvenes y los testículos de los tigres, para poder de este modo asimilar su fuerza.

En el año 1400, se realizó una transfusión de sangre al papa Inocencio VIII, que estaba a punto de morir. Un médico dijo poder hacer inmortal al Papa inyectando en sus venas sangre de joven. Fueron desangrados tres muchachos, que murieron para proporcionar la sangre necesaria, pero el Papa también murió, por incompatibilidad de los grupos sanguíneos.

El vampiro hechicero es el que se alimenta de las energías de los demás. Los vampiros más comunes son las personas mayores, los abuelos, y los espíritus de los muertos, que se resisten a aceptar la muerte y exprimen la energía de personas más jóvenes que ellos, en el primer caso, vivas, en el segundo, porque tanto en un caso como en el otro, les sirve para creer que evitan su destino. Ha habido casos de esquizofrenia, que no han resultado ser tales, sino que se trataba de personas poseídas por algún espíritu rebelde que no querría haber muerto cuando era cuerpo.

Pero no hay que confundir el ataque psíquico con el vampirismo. El ataque psíquico suele ser el producto de la fuerza del ascendente de una persona sobre otra. Los lugares cargados de energía negativa provocan, a menudo, ataques psíquicos.

Hombre lobo

El hombre lobo es otro de los fenómenos estudiados en hechicería. El lobo es un típico y conocido símbolo de la maldad, de todo aquello que está relacionado con lo malvado. El lobo se ha dicho muchas veces que es un perro malo, recordemos la gran obra de Jack London *Colmillo Blanco*; en ella, el lobo que lleva el mismo nombre, se dice que se parece a un perro, a la par que el principal enemigo de los hombres que peregrinan por la nieve durante largos días, es el lobo. El hombre lobo es el símbolo del hombre malvado, del hombre que no posee ninguna virtud, del hombre que ataca a los demás hombres.

Científicamente, cuando se habla del síndrome del hombre lobo se está hablando de personas susceptibles a manifestar su inconsciente violento, faceta de la psique que las personas normales, es decir, que no están dentro del grupo mentalmente patológico, también tienen, a pesar de que la dominan. Otra enfermedad de los hombres lobo es la licantropía, que podríamos decir que es la total convicción por parte de estos, de estar poseídos por un animal, en este caso el lobo. En hechicería la licantropía existe, por lo que el hechicero puede manipular las fuerzas naturales hasta el punto de que existan personas que estén verdaderamente poseídas por un animal.

Siempre se ha creído que el hombre lobo aparecía en las noches de luna llena, cuando el astro nocturno está en todo su esplendor. Por otra parte, el lobo siempre ha estado ligado a nuestro satélite. Cuántas veces hemos visto la imagen de un perfil de lobo que aúlla a la Luna desde la cima de una colina. El lobo aúlla a la Luna, y el astro le da importantes fuerzas mágicas, aumenta las dotes latentes de su «mente de raza». La superstición popular dice que el cerebro del lobo crece y se reduce siguiendo las fases lunares. Según la tradición el hombre lobo es un hombre que cada plenilunio se transforma en lobo, agrediendo y devorando a las personas que encuentra en su camino. Las leyendas alrededor de este ser, transmitidas desde hace siglos, han suscitado siempre miedo y escepticismo. Pero, durante la Edad Media, en las noches de luna llena, los hombres se quedaban siempre en casa. Se dice que para poder matar al hombre lobo es necesario herirlo en la frente, en los ojos, con una bala de plata (el metal de frecuencia lunar) bendecida en una capilla dedicada a san Uberto, el patrón de los cazadores. La superstición alrededor de la luna viene a partir del hecho de que la luna no brilla con luz propia, sino que refleja y, por tanto, en magia es considerada falsa y peligrosa. El astro influye en la psique del hombre, crea alucinaciones y favorece las enfermedades mentales. Además en lugar de dar las energías vitales, como hace el Sol, la Luna las absorbe, las saca de los seres vivos. Por este motivo, se dice que es peligroso dormir a la luz de este astro.

Posesión

La posesión, mejor dicho, el concepto que de ella se tiene, encuentra su origen en la religión. Según la religión —y no nos referimos a ninguna religión en especial, hay que tener en cuenta que todas las religiones constituyen un todo mucho más vasto que es la creencia en seres superiores, sobrenaturales— la posesión es el fenómeno que se conoce por el dominio total de cuerpo, alma y mente de un espíritu maligno sobre una persona. Antes, cuando hablábamos del vampirismo, hemos hablado del fenómeno del ataque psíquico en algunas personas y advertíamos de que no hay que confundir una verdadera posesión con un ataque psíquico. El poseído se distingue perfectamente del loco porque cumple con una serie de características: utiliza un lenguaje muy brusco y obsceno; actúa vulgarmente, por ejemplo, contesta a algo, levantando el dedo corazón de alguna de las manos mientras esconde los demás como si quisiera formar un puño; es exhibicionista; cambia la voz; comprende lenguas extranjeras que nunca ha hablado u oído; describe objetos que están fuera de su alcance; muestra una fuerza mucho más superior que la propia; siente repulsión hacia lo sagrado. Es cierto que el ser que posee forma parte del cuerpo etéreo con lo que es mucho más fuerte que nosotros mismos, y también es cierto que existe la llamada posesión colectiva por la que un mismo espíritu posee a varias personas durante una sesión de espiritismo. Sin embargo, hay que tener en cuenta que muchas veces se trata de algún tipo de enfermedad en el supuesto poseso.

Demonomanía

La demonomanía es una enfermedad psíquica propia de aquellas personas que creen estar poseídas por el demonio. Muchas veces, lo que creemos un demonio es en cambio la imagen reflejada de nosotros mismos, con nuestros miedos, nuestros deseos, nuestros conflictos interiores que asumen la forma de demonios psíquicos. Las tentaciones de san Antonio y la lucha de san Jorge contra el dragón fueron verdaderas batallas internas que sirvieron para eliminar todas las energías negativas que llevaban en su interior, las cuales en su momento determinado explotan en toda su intensidad, creando graves alteraciones psíquicas. El esquizofrénico cree que es otra persona la que habla por él, piensa por él y actúa por él. Es como si alguien le transmitiese las ideas; oye voces que resuenan en su cerebro, cree que lo pilota y lo guía otra entidad. Con frecuencia se trata de torbellinos de hebefrenia, que ataca a los jóvenes que quieren evadirse de la realidad. Así se dobla su personalidad, no consiguiendo individualizarse. También las mujeres frustradas sexualmente encuentran en la posesión la excusa de sus acciones, destinadas a atraer la atención del varón. Una mujer oprimida por el marido inventa inconscientemente la posesión, que se convierte en el pretexto para recibir regalos, atenciones, o incluso para clamar impunemente contra el cónyuge y contra la familia, o lamentarse del comportamiento de alguien en particular.

Para la posesión, la solución más eficaz es el exorcismo que se regularizó a través del Ritual Rommanum de la Iglesia católica, en 1614. Para llevar a cabo este ritual hay que pasar por un proceso exhaustivo que tiene como fin averiguar si es una posesión real o sólo se trata de una enfermedad psíquica; tal proceso recibe el nombre de anamnesis. Una de las pruebas más infalibles de que el poseído es tal es, como se ha dicho anteriormente, el cambio que sufre su fuerza corporal. Una de las posiciones más típicas que demuestran este síntoma es la llamada posición del arco. En ella, la persona yace en posición supina, con la espalda arqueada, completamente levantada del suelo, y apoyando las manos y los pies en él. Los brazos están extendidos más allá de la cabeza, las manos vueltas hacia atrás, y las palmas apoyadas en el suelo. A veces, el poseído se desplaza en esta posición. Si el exorcismo es efectivo, es decir, si está consiguiendo que el poseído deje de estarlo, entonces este empezará a tener reacciones muy extrañas, vomitará (una de las mejores simbolizaciones de la expulsión del mal espíritu), la temperatura ambiental subirá, puesto que estarán saliendo al exterior del poseído las energías negativas. Pero durante este proceso la energía maligna intentará permanecer en el cuerpo del poseído, con lo que este empezará a leer los pensamientos de los que se encuentren con él y hasta es posible que se produzca una levitación de la víctima.

Hechizos, mal de ojo, vampiros, hombres lobo, exorcismo, poseídos... Todos estos conceptos, que no tienen nada de científico, forman parte de algo de lo que hemos oído hablar y seguro que, directa o indirectamente, hemos utilizado: la magia. La magia es, básicamente, un recurso del hombre, una forma de explicar fenómenos, de defenderse, de atacar, de librar los complejos, de sentirse más o menos satisfecho, de coger seguridad. ¡Cuántas veces se ha hablado de una persona mágica! Aunque el tono de las últimas frases parezca escéptico, en lo que a magia se refiere, lo que es cierto es que la magia existe, y en alguna medida, influye en nuestras vidas Por eso, a lo largo de la historia de la evolución cultural del hombre se ha distinguido entre dos magias: la magia blanca y la magia negra.

Magia blanca y magia negra

La magia blanca es aquella que está destinada a la armonía del cosmos, las energías empleadas para ella son las positivas y su raíz está en el poder de una minoría que utiliza al máximo estas energías como único utensilio de sus objetivos. Las fórmulas mágicas que están dentro del cuerpo de la magia blanca o alta magia son todas orales, verbales. La efectividad de la magia blanca depende de la capacidad que tenga el mago, que no hechicero, de entrar en armonía con el cosmos a través de la palabra, capacidad, la del habla, que junto a la racionalidad nos distingue de los animales. Son muy pocos los magos y muchos más los hechiceros. Y si no cualquier persona puede ser hechicero, menos todavía puede llegar a ser mago. Uno de los hechos más ilustrativos de lo dificultoso que resulta actuar por el bien, teniendo seguridad de no caer nunca en el mal, es que en el Ritual Rommanum de la Iglesia católica sólo se permite llevarlo a cabo a sacerdotes que son considerados superiores. La magia negra se distingue de la blanca por lo fácil que resulta acceder a ella y porque utiliza elementos tangibles exteriores al mismo hechicero (hierbas, animales...). Pero la principal diferencia que hay entre ellas es el enfoque de cada una; la magia negra es egoísta, está enfocada hacia el beneficio de la venganza o del resentimiento de alguien, hacia la sed posesiva y dominante de otros y sobre todo hacia el mal entendido orgullo del hechicero que se siente admirado y considerado superior por los que han solicitado sus servicios. Por ello, por ese carácter sucio que la caracteriza, los hechizos del amor también son maléficos, porque están proyectados hacia la falsa satisfacción de alguien que, lo único que ha hecho, es intervenir en la voluntad de otro.

Por último, para finalizar este capítulo de aclaraciones, hay que distinguir los distintos elementos y conceptos que se distinguen en una práctica mágica. Para ello, se confecciona una lista para que al lector le sea más fácil acceder al significado y al fin de cada uno de los elementos y conceptos.

Amuleto

Se trata de un objeto que debe utilizarse en la esfera individual y su finalidad es básicamente defensiva. Con él, se consigue el efecto de neutralización del que antes hemos hablado, por lo que si se es víctima de algún hechizo, se consigue parar el ataque y destruir las energías maléficas que la víctima tenga alrededor. No puede ocasionar ningún daño.

Encantamiento

Si se habla de encantamiento se está hablando del arte de producir ciertos efectos sobre seres vivos, por medio de la palabra, el canto, la música, etc. Otros sonidos, no humanos, también pueden producir encantamientos, por ejemplo, los tambores de los brujos servían para los encantamientos.

Fascinaciones

Se puede considerar una variedad del hipnotismo. Se dice que existe una fascinación si alguien ha sometido la voluntad de otro sólo a través de la mirada. Si la intención del que produce la fascinación es perjudicial para el que la recibe, entonces se puede hablar de mal de ojo, aunque se trate del único tipo de hechizo que no utiliza más poder que el de la mirada, es decir, el de uno mismo,

Filtro

El llamado filtro es una pócima que debe esparcirse por los lugares más frecuentados por el sujeto que la ha pedido, para crear una atmósfera afectiva entre todo lo que le rodea.

Hechicería

Se entiende por hechicería un conjunto de prácticas mágicas mediante las cuales se pretende dominar los sucesos y acontecimientos por vías irracionales, sometiendo al poder y servicio del hombre las fuerzas trascendentes. El hechicero es actualmente el ministro de la baja magia, a pesar de que, en sus orígenes, fuera un personaje que velaba por los intereses de la comunidad por la que velaba; en todas las culturas y en todos los pueblos ha existido la figura del hechicero. Este hechicero inicial se siente fuertemente vinculado a los espíritus buenos, a los dioses inferiores y hasta al mismo Dios supremo y sus ritos son orales y se remontan hasta el primer hechicero que existió, que recibió tales virtudes del mismo Dios. Al descubrirse la escritura, el hechicero pasa a ser mago; los individuos se asocian en corporación compartiendo e intercambiando experiencias y esta corporatividad hace que lleguen a formarse escuelas. De hecho, la distinción que se hace hoy entre mago y hechicero tiene origen en la transformación del lenguaje; los que, en principio eran hechiceros, hoy son magos y los que sólo utilizan sus ritos en beneficio del mal y a través de objetos que salen de ellos mismos, son hechiceros.

Maleficio

Es una actividad típica de la brujería, siempre empleada con fines malévolos. La víctima de un maleficio sufre graves daños físicos o psíquicos y puede llegar a morir.

Talismán

Al contrario que el amuleto, el talismán es una arma ofensiva. Se trata de un objeto mágicamente cargado que suele ser muy eficaz e infalible, puesto que, al ser un objeto mágico, su fuerza se multiplica sin límites.

Los hechizos, la magia en general, existen desde el principio del hombre, desde que el hombre empezó a pensar, a sentir una necesidad de hallar un sentido a la vida, a sus necesidades y a sus adversidades. En las grutas prehistóricas se pueden encontrar representaciones que tienen todo el carácter de las mágico religiosas (identificación magia-religión) y que según estudios, se trataba de encantamientos contra las fieras, mejor dicho, para defenderse de ellas. Si existe una imagen mental del enemigo, es más fácil enfrentarse a él.

Más adelante hablaremos profundamente de los hechizos existentes, aquí sólo los nombraremos: directo, indirecto, total, periódico, de muerte, de sufrimientos, de amor.

El mal de ojo

Como hemos dicho antes, el mal de ojo es el producto de una reacción negativa e inconsciente de alguien hacia alguien. Es un mal pensamiento. Como daña, se trata de un ataque, y como ataque que es, tiene posibles defensas. En este capítulo, además de hablar de las distintas formas que puede tomar el mal de ojo, se hablará también de las defensas de que disponemos para evitar que la acción llegue a su fin.

Si llueve, nos protegemos de la lluvia con un paraguas para evitar que nos moje. Si nos lanzan piedras, intentaremos encontrar algún utensilio que evite que nos lleguen a dar. Si nos atacan con un mal de ojo, tenemos que emplear técnicas que no son tangibles, ni simples; un tanto más sutiles que los métodos de defensa palpables, las defensas hacia el mal de ojo son muy efectivas si son bien empleadas y se efectúan con toda seguridad.

De todas formas, la mejor defensa hacia el mal de ojo es tener una actitud ética, es decir, no hacer a los demás lo que no creamos que no sería justo para nosotros. Así pues, la mejor defensa para el mal de ojo es el amor, amar ante todo, antes que odiar o envidiar. Si nuestra vida es un ejemplo de amor y de bondad, si sabemos proyectar amabilidad, buenas energías, en general, entonces no podremos temer a nada ni a nadie porque la misma fuerza de nuestro amor, hará que nos quieran y, sobre todo, obtendremos la mejor protección hacia cualquier ataque. El amor, igual que el odio, es recíproco, reflexivo; otra cosa muy distinta es que ese amor se traduzca de una forma o de otra según nosotros lo esperemos pero si, básicamente, se aprecia, no hay problema. El problema surge si hay odio. Lo que está claro es que si una persona odia a otra, esta no querrá a la primera, por más bondadosa que la última sea.

Un ejemplo de esta actitud fue el movimiento hippy de los años sesenta que tenía como principal emblema «Haz el amor y no la guerra». Este grupo, a pesar de que ya no existe más que mínimamente y que la mayoría de sus comunas fueron disueltas, explica dos cosas muy importantes de la convivencia de los hombres. De un lado, que con un poco de esfuerzo se puede conseguir que todos los seres humanos se quieran entre ellos y, por otro, que es necesario un equilibrio entre las fuerzas del bien y del mal y para tal equilibrio es necesario que existan los dos. Pero no nos vayamos por las ramas.

Si nuestra aura vital, que constituye el conjunto de nuestros cuerpos más delicados (etéreo, astral), está repleta de buena voluntad, no hay peligro, eso seguro. El hombre bueno no tiene por qué temer porque está en un plano superior: Platón dijo que el sabio era aquel que llegaba con facilidad al mundo de las ideas que era el bien.

Si se teme a alguien, es decir, si se piensa que alguien nos quiere hacer daño, se puede optar entre dos sistemas distintos de defensa. El primero de ellos sería el que tiene como base la psicología. Si se sabe de alguien que podría hacernos daño, hay que tratar a esa persona de la manera más gentil que se sepa, de forma que esta sienta que se está tramando algo en contra de ella, por lo que se acobardará y se echará atrás en sus propósitos. Lo que está claro es que alguien que piensa en hacer daño se extrañará ante una muestra de gentileza por parte del individuo al que quiere dañar. Hay muchos ejemplos de esta actitud que demuestran la efectividad de este método. Se dio el caso de una chica que sintió envidia de otra al conocerla en el instituto. Estaban obligadas a convivir todos los días durante todas las horas de clase porque se sentaban en el mismo pupitre. Una mañana, al llegar a clase, la chica envidiada halló que su mesa estaba muy sucia, alguien había dibujado en ella imágenes horribles, imágenes muy desagradables de las que ella era protagonista; en ese momento, rompió a llorar porque se asustó y porque no sabía quién había podido odiarla de aquel modo. Empezó a observar a su alrededor y averiguó que su compañera de pupitre era la autora de tales acciones. Durante ese curso, sacó calificaciones bastante altas en sus trabajos y vio que ese era uno de los motivos por los que esa chica no la aguantaba. A partir de ese día, empezó a ayudarla en sus tareas de estudiante, así como a prestarle apuntes sin que ella se los pidiera si algún día no había venido a clase. Desde ese momento, no volvió a sentirse atacada y, aunque no ha vuelto a ver a esa chica, siempre ha pensado que si no consiguió que dejara de odiarla, sí consiguió dos cosas muy importantes para ella. Consiguió ser respetada, hasta temida por los que más la odiaran, a la par que se ahorró remordimientos de conciencia, que los hubiera tenido en el caso de haber optado por alguna mala acción que, en lugar de beneficiarla, la hubiera perjudicado.

De todas formas, este libro no pretende ser una lección de vida, aunque los males de ojo también formen parte de ella. Una forma de conseguir que los males de ojo no lleguen a su fin es una traducción mágica de la actitud de la que antes hablábamos. Durante nueve días consecutivos, se envía una flor a la persona que creemos que está siendo la provocante de un mal de ojo hacia nosotros; si el envío se hace con total amistad y desde lo más hondo del corazón, se conseguirá, seguro, que el mal de ojo no llegue a su fin.

Tradición del mal de ojo

La tradición popular ha temido desde siempre al mal de ojo, y se ha pensado que los ojos tienen el poder de proyectar el mal. Muchos indígenas de África no se dejan fotografiar porque temen que la cámara les proyecte algún mal, puesto que, intuitivamente, ven la cámara como un ojo; ante una cámara, se giran creyendo que se están protegiendo con la espalda.

En las tribus que se conserva una creencia muy viva en estas acciones, existe un código de protección determinado que suele reconfortar las vidas de los poblados. Las personas suelen protegerse con máscaras que representan los espíritus malignos de forma que estos se asusten ante una dosis de crueldad más fuerte que la suya. Para proteger los hogares, los indígenas suelen utilizar cuernos y astas como símbolo de defensa hacia los malos espíritus.

El mundo occidental también ofrece tradiciones de protección conocidas e importantes a pesar de que la mentalidad de este mundo sea más racional que la africana o la sudamericana cuya representación más típica es el llamado «espanto», que es una enfermedad nerviosa que, psicológicamente hablando, se trata de histeria pero que en hechicería se atribuye al mal de ojo. En España y en Estados Unidos hay una tradición muy extendida de colgar una herradura en la puerta del hogar como símbolo de protección hacia la maldad.

En cuanto a las personas, hay signos del comportamiento de algunos europeos que demuestran su creencia y su temor en el mal de ojo. En el centro y el norte de Europa, Hungría, Checoslovaquia y Rumania, el signo de los cuerpos hecho con los dedos tiene su origen en el temor hacia el mal de ojo; por lo visto, tal signo es muy efectivo para asustar a las malas energías. En México, se utiliza la semilla de ojo de ciervo para protegerse de los malos espíritus y las malas intenciones.

Una leyenda y una ópera nos servirán para demostrar el poder de tales creencias en el mundo occidental. La leyenda de san Narciso, que poseemos desde tiempos muy remotos, narra la historia del mismo santo quien fue castigado por contemplar su imagen reflejada en un estanque durante horas y horas. *Los cuentos de Hoffman*, título de una ópera de Offenbach, tiene una secuencia de la misma en la que el protagonista, Hoffman comprende que ha sido vencido por un malvado cuando se mira en un espejo mientras se viste, pero no se ve reflado en él. En general este tipo de relatos no son sino un reflejo de las leyendas que se transmiten de generación en generación.

Tanto en un relato como en el otro vemos que el núcleo del argumento se centra en las imágenes y en la contemplación de las mismas. Por lo tanto, en los ojos. Más que ellos la mirada, constituye una enorme fuente cultural. Se habla muchas veces de la magia de los ojos en el amor; cualquier poema amoroso, sea de la época que sea, habla de los ojos y de la mirada y, de hecho, hay una palabra que define el poder positivo de los ojos que es la *fascinación*.

Muchos otros mecanismos de defensa acaban de forjar la tradición popular hacia el mal de ojo. Entre ellos, hallamos una acción tan típica en la actitud social que, seguro, no se le da más importancia que la de ser pura tradición. Por lo visto, que el novio coja en brazos a la novia para atravesar el umbral de su casa en la noche de bodas, tiene su origen en la creencia que, si alguien ha echado un mal de ojo, la novia al pisar el suelo podría ser víctima de las malas intenciones de ese alguien.

Protección hacia el mal de ojo

A modo de síntesis, se ofrecerá, ahora, los distintos modos de proteger una casa de los espíritus malignos:

- la herradura, clavada en la puerta de la casa, preserva del mal de ojo;
- los prometidos que temen el mal de ojo deben llevar en el bolsillo, en un cartucho, tres granos de sal hasta que se consume el matrimonio;
- llevar turquesas protege del mal de ojo y de los espíritus malignos;
- el ajo en el bolsillo o colgado de la puerta preserva del mal de ojo;
- para neutralizar las tijeras, después de un corte de cabello, se deben frotar con ajo;
- antes de utilizar las ollas nuevas, se purificarán frotando su interior con ajo;
- esparcir perejil por la cama;
- tener en casa un gato negro;
- llevar puesto un saquito de seda verde que tenga en su interior un imán;
- las esporas de helecho alejan el mal de ojo, los espíritus malignos y los fantasmas;
- tener la escoba detrás de la puerta de la casa hace que no entren los espíritus malignos; si se coloca, en cambio, en la parte de afuera, se ofende al vecino o al huésped;
- durante el período de luna menguante, en martes o en sábado, barrer la casa, para limpiarla de todas las influencias negativas;
- cuando se encuentra a una persona negativa, es necesario escupir al suelo y cubrir el esputo con el pie izquierdo;
- los collares de coral protegen del mal de ojo.

Esta lista podría continuar durante páginas y páginas, y hasta se podría dedicar un libro a la protección hacia el mal de ojo pero, sea como sea, todos estos métodos son eficaces si se trata de maldiciones débiles, es decir, maldiciones más o menos ingenuas de personas que no son tan malas como su maldición. Por ello, cabe señalar que los dos métodos más conocidos y eficaces para los males de ojo verdaderamente perjudiciales son el de la *bola dorada* y el del *muro psíquico* que ahora explicaremos. Tanto el uno como el otro son sistemas pensados para llevarse a cabo gracias a una total concentración de quien los haca y a una total creencia en ellos.

La bola dorada

El mejor sitio para realizar esta protección es la misma casa y dentro de ella la habitación de la persona que va a protegerse. Debe empezarse con la operación en horas lejanas a las comidas puesto que así el cuerpo adquiere un estado de pureza total.

La posición tiene que ser cómoda, los pies deben estar descalzos y en el suelo y se esté tumbado o sentado, la cabeza debe estar orientada al norte y los pies al sur, de forma que se consiga la alineación con la Tierra, a la par que hay que mantener los brazos extendidos a lo largo del cuerpo y tener las palmas de las manos hacia abajo.

Conseguida la posición, hay que respirar profundamente, mantener los ojos cerrados, fijar entre las cejas un punto imaginario y repetir mentalmente o en voz alta (preferiblemente) las instrucciones. Estas pueden ser repetidas en primera o segunda personas, aunque si se hace en segunda persona la sugestión es mayor, con lo que se consigue unos resultados óptimos.

INSTRUCCIONES

Piensa en ir relajándote cada vez más, relájate tras cada respiración, cada vez más. Tu cuerpo es agradablemente pesado y está completamente relajado, agradablemente pesado y completamente relajado... Muy bien, ahora piensa en el color azul, respira en color azul, imagina que estás envuelto por una nube completamente azul, que cada vez que respiras entra en tu interior y te relaja cada vez más. Estás calmado, tranquilo y relajado, tranquilo y relajado...

Ahora el azul se desvanece completamente; piensa en una nube violeta, que te envuelve totalmente; respira dentro del color violeta; este color te protege, te prepara, te purifica. Piensa en sus vibraciones, déjate transportar por el color violeta. Estás calmado y purificado por este color, completamente purificado por el color violeta, y tu cuerpo y tu mente están llenos de serenidad, de calma y de paz interior. Calma, serenidad y paz interior.

Muy bien, ahora piensa en el color amarillo dorado, piensa en el oro, este metal precioso, símbolo de la energía vital, símbolo del sol. Ahora notas en tu cuerpo un ligero calor; son las sensaciones de este color amarillo que te alcanzan; piensa intensamente en el amarillo dorado, llena tu mente con él. Piensa en el amarillo dorado, imagínate una esfera de este color, que danza en torno a ti. Ahora destaca de ella un rayo como un hilo, piensa que la esfera amarilla es un gran ovillo, y de este ovillo se saca un hilo de lana brillante; ponlo en tus pies, pero ligeramente más alto. Átalo y, siguiendo el sentido de las agujas del reloj, comienza a tejer a tu alrededor, desde los pies, una bola completamente dorada.

Piensa en el amarillo dorado; imagínate perfectamente este cordón que ahora comienza a girar a tu alrededor, que partiendo de los pies asciende lentamente por las piernas. Debes tejerlo totalmente a tu alrededor; el hilo amarillo dorado tiene que rodear completamente tu cuerpo, por encima, por debajo, por todas partes. Sigue girando, sube, sube hasta las rodillas y después, todavía más lentamente, por los muslos.

Continúa imaginando este hilo de energía, de color dorado, que sube, sube en espiral a tu alrededor hasta la ingle, y sigue subiendo por la pelvis. Perfecto.

Gira a tu alrededor y sigue subiendo, este hilo de color amarillo dorado, gira y sube, sube cada vez más, y sigue subiendo, se dirige hacia los hombros, gira a tu alrededor, sigue subiendo y se dirige hacia la cabeza, rebasando la cara. Sigue pensando, sube cada vez más, y ahora está llegando al extremo de la cabeza; muy bien, ha llegado algo más allá y se estrecha para cerrarse, se cierra en un punto. Ahora estás completamente rodeado por este hilo amarillo dorado.

Gira nuevamente, esta vez descendiendo, realiza el mismo camino, vuelve a descender hacia los pies. Piensa en este hilo dorado que está bajando, que te envuelve completamente, completamente... Vuelve de nuevo atrás, pasa sobre el rostro, desciende, sigue descendiendo, se dirige hacia el vientre, y sigue descendiendo.

Está tejiendo una bola completamente dorada a tu alrededor que desciende, todavía por la pelvis. El hilo baja todavía más, por los muslos, a todo tu alrededor, desciende, se dirige hacia las rodillas; desde estas y por las piernas baja hasta los pies.

Sigue tejiendo esta bola dorada de energía a tu alrededor, energía que te protegerá, te protegerá completamente, incluidos tu pensamiento y tu esencia.

Desciende todavía más hasta alcanzar los pies, llegando incluso un poco más allá; perfecto, sigue en actitud tranquila y serena, piensa en este cordón dorado que desciende.

Ahora se para un poco, más allá de tus pies, para volver a subir nuevamente.

Sube y desciende varias veces hasta que te des cuenta de no haber dejado ningún orificio, después termina el ejercicio: estás completamente encerrado en una bola dorada, una bola completamente dorada; son tus energías, tus esencias, tus fuerzas, que te protegerán de ahora en adelante. Cuando camines, cuando estés en la calle, esta bola dorada te protegerá de ahora en adelante. Con este escudo estás completamente protegido. Tu amor y esta energía solar te protegen. Gracias a esta experiencia, aprendes a conocerte más a ti mismo, aprendes a exteriorizar las fuerzas que están en tu interior, que te protegen, que alejan todo lo negativo. Todo lo que te puede molestar ya no entrará en tu interior.

Perfecto, ahora respira varias veces profundamente; bien, ahora repite mentalmente tres veces tu nombre.

Es tu frecuencia, tu esencia. Este nombre se extiende, este sonido te refuerza. La bola dorada te representa, y representa también tu protección.

Muy bien, respira profundamente algunas veces, inspirando por la nariz, reteniendo el aire algunos segundos y espirando por la boca, así, lentamente. Ahora puedes abrir los ojos; muy bien, la experiencia ha terminado.

Este ejercicio tiene un efecto breve, y se debe repetir una vez al día, o por lo menos cada tres días, de modo que las energías protectoras sean siempre reintegradas.

El muro psíquico

Esta segunda técnica es rápida y bastante sencilla. A veces, podemos hallarnos en ambientes hostiles, de modo que tenemos necesidad de protegernos espontáneamente y con mucha rapidez. La técnica es bastante sencilla; naturalmente si no se está solo se deberá disimular para que nadie se dé cuenta de lo que se está haciendo. En pocos segundos, se habrá logrado levantar una barrera.

He aquí lo que debes hacer: piensa mentalmente en levantar una pared a tu alrededor, un muro psíquico. Una pared se construye con ladrillos colocados uno encima del otro. Deberás imaginar rápidamente una pared que se construye velozmente colocando muchos ladrillos a tu alrededor. Imagínate que a partir de tus pies se coloca el primero, y después, girando en el sentido de las agujas del reloj, se colocan otros muchos. Construye velozmente hacia arriba, hasta superar tu cabeza en por lo menos cuatro o cinco hileras de ladrillos.

La construcción debe ser rápida, inmediata. Es aconsejable haber ensayado antes varias veces, para entrenarte en la velocidad.

Esta protección es menos válida que la bola porque se produce de un modo rápido.

A pesar de ello, es muy efectiva y su efecto se prolonga durante una hora o más. De todos modos, y aunque es cierto que tanto un sistema como el otro son válidos, cabe decir que el mejor mecanismo de defensa es el amor. El pensamiento positivo, en general, el antiodio, la buena predisposición son unos inversores de bondad indiscutibles, los mejores.

Tanto una técnica como la otra pueden emplearse de memoria pero si no es posible acordarse perfectamente de las instrucciones, es conveniente grabarlas en una cinta y escuchar la misma para llevar a cabo los métodos.

Otros métodos para combatir el mal de ojo son los que ahora vamos a ver. Todos ellos son más sencillos que los dos anteriores pero, de todos modos, hay que saberlos por si nos hicieran falta.

Método 1

Se procura un compuesto en el que estén mezclados los siguientes ingredientes:

— Un puñado de musgo recogido al salir el sol y en las cercanías de un riachuelo, situado a una altura entre 500 y 800 m.
— Diez hojas de trébol.
— Pelos de gato negro.

Se introduce todo en un litro de agua y se lleva a ebullición, para dejarlo a enfriar después en el antepecho de la ventana de una noche de luna llena.

A la mañana siguiente se esparce el compuesto por el cuerpo.

Método 2

Durante siete semanas y procurando que la primera coincida con la primera de mes, iremos a la iglesia y nos santiguaremos a medianoche, recitando un padrenuestro.

Método 3

Si se conoce a la persona que ha enviado el mal de ojo, bastará con hacerle un favor con toda la bondad y buena disposición de ánimo. De esta forma se logrará el efecto boomerang.

Método 4

Se consigue un mechón de la persona que está provocando el mal de ojo y se mezcla con un mechón de una chica virgen. Estos se mezclan junto a un puñado de tierra, colocando el compuesto en un crucifijo de madera para quemarlo todo.

Tal acto, se lleva a cabo ante Dios y los cabellos de la joven virgen eliminarán los efectos maléficos del autor del mal de ojo.

Hay que intentar que el mechón de la chica virgen sea más abundante que el de la persona que ha provocado el mal de ojo.

Método 5

Se pincha el dedo índice de la víctima y se mezcla la sangre con agua bendita. Mientras el sacerdote está pronunciando el sermón se deja caer la mezcla sobre nuestros zapatos mientras se está completamente convencido de lo que se está haciendo.

Método 6

En una noche de luna llena, se encenderán tres velas y se colocarán sobre una mesa redonda a igual distancia de los cantos. Luego se pondrá en el centro de la mesa incienso y se lo hará quemar lentamente, mientras se hace el signo de la cruz y nos concentramos en el significado de la palabra mal de ojo.

Se recitará el *Gloria* y finalmente, después de santiguarnos nuevamente, se apagará la llama de las tres velas con los dedos, utilizando el pulgar y el índice de la mano derecha, al tiempo que colocaremos la izquierda sobre el corazón.

Se dirigirá la mirada hacia el cielo y se tendrá plena confianza en que el mal de ojo haya desaparecido totalmente.

Método 7

En una copa de bronce se derramará tantas gotas de aceite como años se tengan; se añadirá una cucharada de harina y tres de agua bendita que se habrán cogido de una iglesia poco después de medianoche.

Se mezclará todo, se beberá la mitad, y el resto, junto con la copa, se tirará a un precipicio pero de espaldas a este. Después habrá que santiguarse tres veces y se llevará siempre consigo un crucifijo forjado de bronce.

Método 8

Cogeremos una lámpara de aceite y, de noche, manteniéndola encendida, nos dirigiremos a donde haya ruinas de una construcción de época antigua, procurando que el trayecto de casa al lugar elegido sea el concertado primeramente y caminando marcha atrás.

Cuando lleguemos al lugar, cogeremos un crucifijo y apagaremos la lámpara diciendo:

«Así como ya he andado al revés hasta llegar aquí, así ahora borro de mi mente el período en el que he estado influenciado por el mal de ojo, por Cristo nuestro Señor, amén.»

Encenderemos de nuevo la lámpara y volveremos a casa, esta vez andando normalmente.

Método 9

Otro método eficaz para salvarse del mal de ojo si se conoce a la persona que ha motivado el sortilegio, consiste en lo siguiente: iremos a casa de quien la ha provocado, escupiremos tres veces al suelo y tiraremos sal delante de la casa.

Esta operación la debemos realizar durante siete días seguidos y una vez al día, procurando que este rito se haga siempre a la misma hora.

Al final del séptimo día seguramente nos habremos librado del mal de ojo.

Método 10

Otro remedio es el siguiente: se coge harina y con un poco de agua se hace una masa. Se amasará totalmente y pocos minutos después se mojará con agua bendita, rogando que el sortilegio finalice y que los influjos negativos se atenúen. Después se secará la masa con un trapo de lino que se haya usado anteriormente.

Método 11

Nos untaremos los pelos de las axilas con aceite bendito durante siete noches seguidas, y en la mañana del octavo día nos las afeitaremos completamente, colocando los pelos en un recipiente sin agujeros, pero que permita el paso de la luz.

Tiraremos en el contenedor algunas gotas de aceite bendito y lo dejaremos todo bien cerrado durante tres días. Luego, dejaremos ese recipiente frente a la casa del causante del mal de ojo.

Método 12

Habrá que tomar un baño purificador en un riachuelo durante tres días seguidos a la salida y a la puesta del sol procurando, cada vez que se salga, mojarse el cuerpo con agua bendita que habrá sido cogida de la iglesia por una muchacha virgen.

Las bolsitas perfumadas

Otra de las formas de defenderse del mal de ojo consiste en mezclar ciertos ingredientes en una bolsita de tela, de forma que estos se atraen y proporcionan un excelente elemento de defensa; a veces, llegan a anularlo por completo.

Tales defensas son muy apropiadas para niños, bebés sobre todo, personas muy susceptibles a los males de ojo. Este remedio también es apropiado para evitar las enfermedades de los niños o para mejorar su posible estado enfermizo.

Método 13

Dentro de un saquito de tela roja bien fuerte pónganse los siguientes ingredientes:

— Tres granos de trigo recién cogido.
— Un poco de sal.
— Un mechón de pelo de perro (negro, a ser posible).

Se coloca el saquito, cerrado con un lacito de color rojo, atado a la cama del niño. Durante los días venideros se notará un ambiente mucho más relajado que de costumbre y que la mala energía va desapareciendo poco a poco.

Método 14

Durante una noche de luna llena, se cogen unas pocas flores de manzanilla, se ponen en una taza y se machacan hasta reducirlas a polvo. Se añade un poco de sal y un poco de tierra hasta que se cubra por completo. Se introduce el compuesto en una bolsita y se ata a la cama del niño.

Método 15

Ingredientes:

— Una pata de conejo.
— Un manojo de hierbas vulgares.
— Tres gotas de sangre del niño, víctima de la mala energía.

Se cogen todos estos ingredientes y se mezclan con leche recién ordeñada. Después, se introduce la mezcla en un saquito de tela azul.

Método 16

En agua de manantial obtenida a primeras horas de la mañana, se mezclan los siguientes elementos:

— Una cucharada de miel pura de abeja.
— Esencia de mirto.
— Un trozo de prenda íntima de un muchacho.

Una vez se haya obtenido el compuesto, se introduce en una bolsita de cualquier color, es indiferente.

Método 17

Para el siguiente método, serán necesarios los siguientes elementos:

— Pelos de las axilas del padre o de la madre del muchacho supuestamente víctima del encantamiento.
— Saliva de ese joven.
— Un pellizco de pimienta negra.
— Un huevo.

Al huevo se le hace un agujero en la cáscara y se extrae el contenido de este y en su lugar se introducen los elementos antes nombrados. Se cierra el huevo con cera líquida haciéndola caer gota a gota y, seguidamente, se introduce el huevo, ya preparado, en una bolsita. Se colgará la bolsita en la rama de un árbol con la misma cuerda que la cierra.

Cuando sea de día, se colocará en un lugar oscuro y, pasados tres días, se colocará bajo el colchón en el que duerme el muchacho.

El mal de ojo por correo y por teléfono

En épocas antiguas, los males de ojo a distancia se llevaban a cabo por correo y, a pesar de que hoy todavía existe esta técnica, es más popular hacerlo por teléfono, medio que ha proporcionado el progreso científico.

Por correo, el mal de ojo consiste en amenazar al receptor o en mandar paquetes de contenido desagradable que hay que quemar inmediatamente, sin más y sin pensar la causa de tal acción por parte del emisor.

Actualmente, todavía existe la llamada cadena de san Antonio. Tal cadena es aquella de la que casi todo el mundo ha recibido una carta, en la que se explica que la cadena no podía truncarse y que, de romperse, la desdicha caería sobre el que provocara la ruptura. La carta suele llevar un texto parecido a este:

«Todo cuanto leas en esta carta no es más que la copia fiel recibida por mí, y que te transmito. Debes recitar tres avemarías a san Antonio de Padua. Esta carta procede de Venezuela y debe dar la vuelta al mundo. Ha sido enviada por Ana Isabel Martínez. Haz veinticuatro copias y mándalas a amigos o familiares y al cabo de ocho horas recibirás una recompensa. No se trata de sugestión, como prueban los siguientes hechos: Víctor recibió esta carta-cadena, hizo las copias y las mandó; al cabo de nueve días ganó un millón de dólares. David Hurtado quemó la carta y sus asuntos familiares se volvieron desastrosos, muriendo loco. Juan Sánchez recibió la carta-cadena, ordenó a su secretario que hiciese las copias y las mandase, sus asuntos familiares se desarrollaron de un modo excelente. Un empleado de banca recibió la carta y olvidó mandar algunas copias, al cabo de algunos días perdió el lugar de trabajo. Al encontrarlas las envió, y sus condiciones mejoraron: recibió un empleo mejor que el anterior, aumentó la categoría hasta ser uno de los mejores congresistas internacionales. Otro señor recibió la carta y se rió junto con algunos compañeros suyos; al cabo de tres días fallecía. No te rías de la carta por ningún motivo; envía las copias y al cabo de tres días recibirás una recompensa.»

Respecto a este texto no hay mucho que añadir excepto que lo mejor que se puede hacer con la carta es destruirla. Pero la destrucción debe efectuarse con una total convicción de lo que va a hacerse porque, de lo contrario, es posible que las amenazas se hagan realidad, aunque raramente se produzcan.

Esta cadena fue creada hace siglos por magos negros cuyo propósito era el de absorber la energía de quienes mandaban la carta. Actualmente, aunque existen magos que están afiliados a la cadena, el riesgo es mínimo puesto que el sistema es imperfecto. Así pues, no merece la pena sufrir ni pensar que se está en peligro.

El mal de ojo por teléfono es una técnica bastante extendida y que, para entendernos, recluta a varios personajes de la sociedad: los obscenos telefónicos son un ejemplo de tal tendencia. La mejor solución para tal acontecimiento es ser igual de desagradable que el que telefonea para echar el mal de ojo.

Otros son los que llaman y, sencillamente, se quedan callados y su úncio propósito es el de asustar al receptor de la llamada; pues bien, como se ha dicho antes, lo mejor es ser igual de desagradable, es decir no decir nada, ya se cansará.

Y queda un nuevo tipo de mal de ojo telefónico. El que consiste en un emisor que insulta gravemente a un receptor, y le amenaza de mil formas distintas. La mejor solución para tal actitud es la de registrar lo que diga el emisor y emitirlo cuando se produzca una nueva llamada.

Hasta aquí llega el capítulo dedicado al mal de ojo. El próximo capítulo tratará de los hechizos y en él se podrá observar que intervienen muchos más elementos de ataque y de defensa que en el mal de ojo, puesto que es una acción premeditada. De todas formas, las similitudes también se harán patentes.

Los hechizos

Como hemos definido en el capítulo primero, en el que definíamos los conceptos fundamentales que ocupa nuestra obra, el hechizo es aquella acción que se caracteriza por el envío de energía negativa de alguien hacia alguien, operación que exige la colaboración, mejor dicho, la dirección de un operador, de un hechicero.

El hechicero es el que se encarga de llevar a efecto los deseos del atacante hacia la víctima y es el que conoce de mejor forma la hechicería, la magia negra. De todos modos, hay que saber que existen muy pocos hechiceros, y sí muchos exhibicionistas, muchas personas que se hacen pasar por hechiceros por el hecho de que son conocedores de algunas nociones de magia. Como ya hemos dicho en el primer capítulo, hay que huir de este sector porque pueden ocasionar muchos males, y porque sus acciones se limitan al puro afán de lucro.

Pero cambiemos de tema para no caer en divagaciones

que ahora no nos incumben, y vayamos a tratar directamente el tema de los hechizos. Para llevar a cabo un hechizo, son necesarios una serie de requisitos indispensables para que la intención inicial surja efecto.

Requisitos

Para realizar un hechizo son necesarias una serie de condiciones indispensables.

Los cuatro principios fundamentales de la magia son los siguientes:

Saber: Mucho. El saber en la magia es imprescindible puesto que la enseñanza de tales prácticas y la transmisión de tales experiencias se produce oralmente; como ya hemos dicho, se trata de un conocimiento generacional, es decir, que se traspasa de generación en generación. Parece ser que es el único saber que todavía se transmite con este método, dentro de la cultura occidental.

Poder: Al hechicero le es necesario tener una enorme fuerza de voluntad y de carácter. El poder del hechicero se define como la capacidad de este para poder afrontar perfectamente cualquier situación que se produzca durante el proceso de hechicería, por lo que lo esencial es creer en lo que se está haciedo y ejecutarlo con una total seguridad y convicción de forma que ningún agente exterior a los propios sea capaz de turbar la buena marcha del hechizo.

Atreverse: El «atreverse» del hechicero es la puesta en acción de la audacia del mismo. Si se es audaz al efectuar un hechizo, se puede decir que se es eficaz; en hechicería eficacia y audacia son palabras sinónimas. Por lo tanto no vale ser cobarde, y decir esto engloba cualquier tipo de cobardía. El operador no puede temer los efectos de un hechizo, de forma que hay que «tirarse a la piscina con total seguridad de que se sabe nadar».

Callar: El hechicero tiene que saber mantener en secreto las prácticas. Ese secreto tiene que ser selectivo, puesto que se puede transmitir la experiencia mágica a aquel que lo merezca, a aquel que pueda ser un buen hechicero en el futuro, en tal caso no hay necesidad de esconderse; como ya hemos dicho en el primer principio, el saber mágico se transmite de generación en generación y por transmisión oral.

Teniendo en cuenta estos cuatro ejes, hay que saber que existen otras condiciones necesarias para la buena marcha de un hechizo. En primer lugar, es necesario que exista un círculo psíquico entre el atacante y la víctima; dicho en otras palabras, que haya algún tipo de relación entre ellos. Cuando se dice que tiene que existir algún tipo de relación, se dice que tiene que existir alguna forma de contacto y de conocimiento entre ambas partes. Ya sea en el trabajo, ya sea en una tienda a la que suelen acudir las mismas veces, en casa, en el lugar habitual de ocio, etc., cualquier sitio es bueno para tener una relación aunque sea de carácter superficial. No es posible, por ejemplo, hechizar a una estrella de la televisión si no es que el atacante está directamente relacionado con ella.

El segundo requisito que vamos a destacar está relacionado con el segundo de los puntos que hemos destacado en esta parte del capítulo. La *fuerza de concentración* es necesaria para conseguir un hechizo total y completamente efectivo. Para provocar que alguien reciba nuestro odio o nuestro amor hay que tener una gran concentración en nuestra acción, y para conseguirla, es necesaria una creencia absoluta en ella. Esto es que no se puede conseguir tener una gran fuerza de concentración si no hay una enorme voluntad para conseguirla. Por lo tanto, lo que es indispensable para que nuestros hechizos salgan bien es que haya una total convicción de lo que se está haciendo porque detrás de esta convicción hay una elección libre de querer hacerlo. Lo que es lógico, para explicar lo mejor posible lo que se intenta decir, es que una relación amorosa, amistosa, familiar o del tipo que sea, no funcionará si no hay voluntad por parte de los que participan de ella de que exista tal relación: si no se ama a alguien no puede haber amor entre ese alguien y yo, si no se aprecia a alguien no puede haber una amistad entre ese alguien y yo. Pues bien, si no se odia a alguien, si no hay un verdadero sentimiento de aversión, si no hay un total rechazo hacia ese alguien, si no hay un deseo de causar daño a ese alguien, no puede haber fuerza de concentración ni creencia en lo que se va a ejecutar, con lo que no podrá haber fuerza de concentración y, ni muchos menos, un hechizo.

Si tuviéramos que formular un principio para explicar qué es exactamente lo que se viene diciendo, podríamos postular la siguiente afirmación a partir del principio de identidad:

Fuerza de concentración = Fuerza mágica

Así pues, si se tiene una completa seguridad en lo que se va a hacer es casi seguro que, si se cumple con todos y cada uno de los pasos rigurosamente, el hechizo dará frutos.

Por ello, lo más dificultoso de realizar un hechizo no es el hechizo en sí, sino que hay que lograr que nuestros deseos sean lo suficientemente fuertes para lograrlo; un momento de debilidad, y todo podría marcharse a la ruina. Y, aunque parezca difícil de creer, odiar es más complejo que querer. Hay una frase popular que dice que «Del odio al amor, sólo hay un paso», pues bien, a ese dicho, yo añadiría una segunda parte que diría «... aunque del amor al odio hay kilómetros de distancia». No olvidemos que odiar es el *non plus ultra* del rechazo y que amar es el *non plus ultra* de la atracción, y que de un extremo al otro hay muchas opciones que siempre resultan preferibles, antes de llegar al odio. Para hechizar a alguien se requiere tal dosis de odio que creo que sólo se consigue si se habla de personajes históricos famosos por sus asesinatos a masas de personas inocentes, o por sus métodos antihumanos. Quizá sea demasiado ingenua al decir que no creo, de ninguna manera, que se consiga odiar de esta forma bajo ninguna circunstancia, y es por ello que es posible que los hechizos se conviertan en autoataques puesto que algo superior a lo corpóreo (lo etéreo) castiga la falta de integridad. La integridad (no sólo en hechicería, sino en la vida en general), asegura casi del todo la efectividad de nuestras acciones.

Vayamos, pues, a la práctica. ¿De qué forma se puede conseguir una buena o muy buena fuerza de concentración? Como en cualquier otra cosa, la mejor forma de aprender es la práctica. Si se hacen ejercicios periódicos de concentración se llega a obtener un enorme poder mental para desempeñar estas y otras acciones en el campo de la concentración.

Una de las mejores formas de concentrarse es encontrar un ambiente sosegado, tranquilo, un ambiente en el que, el que deba concentrarse, lo pueda hacer con total tranquilidad, a la par que no se distrae por ningún agente exterior a él mismo y a la tarea que está realizando.

Antiguamente, los ejercicios de concentración se desempeñaban en pleno contacto con la naturaleza, solía hacerse en bosques; hoy, es necesario adecuar las circunstancias a lo que se va a hacer. En general, si se consigue que el lugar tenga poca luz, una atmósfera recogida y sea silencioso y solitario, se consigue que el lugar sea el idóneo automáticamente. Siendo así, es fácil deducir que si el lugar es el propio hogar es bastante bueno, puesto que es el lugar donde se suele liberar toda la tensión, y donde le es más fácil a uno encontrarse consigo mismo. Ese encuentro con uno mismo, sin embargo, puede llevar a que el hechizo nunca llegue a producirse puesto que quizá provoque el sentimiento del que antes hablábamos: el darse cuenta de que no se odia tanto como uno piensa que está odiando.

Fases de un hechizo

Es muy importante seguir un proceso determinado para la buena marcha de los hechizos. Si no se sigue una rigurosidad en el proceso, es muy posible que la acción no consiga sus fines y algo mucho más peligroso, y es que las consecuencias sean mucho peores de lo que serían sin él, porque está muy claro que, por más métodos de defensa o protección que se utilicen, si se provoca mal se recibe mal, tarde o temprano.

Sea como sea, lo que está claro es que es necesario crear defensas de prevención contra las consecuencias que pueda tener el hechizo, sobre todo el hechicero que es el primero que actúa y la parte más implicada en esta práctica. Para la protección del hechicero suele utilizarse la técnica llamada del *círculo mágico*.

El círculo mágico

En muchas ocasiones los magos utilizan un atuendo determinado para llevar a cabo sus tareas, lo que no es realmente necesario y la mayor parte de veces, sólo forma parte de un protocolo inútil que sirve para crear más morbo del que realmente existe en estas prácticas; como se ha dicho repetidas veces a lo largo de la obra, muchas de las personas dedicadas a esta magia, son esnobs poco fiables.

Lo que este sector de magos no sabe es que por más vestuario y parafernalia que monten alrededor del ritual, no servirá de nada si no se provén de una buena protección. El círculo mágico es un círculo que se traza encima de la alfombra que ha de cubrir el suelo de la estancia donde se lleve a cabo el hechizo. Este círculo es lo que protege al hechicero de lo que pueda acontecerse de su acción.

Se trata de un círculo de 2 m de diámetro, como mínimo ya que el mago debe poder tumbarse dentro de él, que rodea un círculo inferior situado a 40 cm de él. El círculo mayor tiene que estar trazado con tiza y debe tener colocados encima ojales de cobre unidos por hilo de cobre en sentido contrario a las agujas del reloj. El círculo inferior debe estar trazado con carbón, leña y también en sentido contrario a las agujas del reloj. Los dos círculos deben tener una abertura de 40 cm para que el mago entre y salga. Este paso de entrada y salida debe ser respetado; no es bueno ni efectivo saltar el círculo puesto que este es el lugar de concentración de energía del operador.

Los testimonios

Los testimonios son prendas de vestir o partes del cuerpo de la víctima. Tienen que ser la representación de su esencia, por ello tienen que haber tenido un estrecho contacto con la misma puesto que la impregnación se obtiene de esta forma y, de algún modo, la energía de esta se acumula en estas prendas.

Esta teoría ha sido avalada también por el gran científico francés, Charon, el cual afirmó que el electrón es como un microuniverso, en donde existe un espacio-tiempo y en donde son almacenadas muchas energías, entre ellas también las de orden psíquico. Las prendas personales quedan totalmente impregnadas de electrones del poseedor si este las lleva a menudo y sobre todo si las lleva a gusto, de ahí su utilidad. Los testimonios pueden ser blusas, camisas, uñas, cabello, pelos...

Hay otro tipo de testimonios, llamados indirectos, como por ejemplo las fotografías. En ellas quedan impresas todas las energías vibratorias del fotografiado y s hay un gran deseo por parte de este, es decir, si está posando a gusto para la foto, entonces las energías se transmiten con gran fuerza.

En las obras de arte se da un efecto parecido. Me refiero a obras de arte si hablo de retratos pictóricos o de retratos escultóricos. En el retrato, la energía psíquica, que se acumula a medida que la obra se pinta, es muy fuerte, pero si muchas personas envían pensamientos hacia aquel retrato o estatua, entonces el valor psíquico de la obra sube a niveles cada vez mayores, hasta el punto de presentarse como un verdadero ser viviente, y con el carácter o el poder que le es asignado por todas las personas que en él piensan.

El pensamiento es energía y, como tal, puede acumularse, de modo que se crean verdaderos depósitos psíquicos denominados también psicoformas. Las psicoformas pueden actuar en algunos casos directamente sobre la materia, siendo esta parte más espesa (por decirlo de alguna manera) de energías superiores, entre las que se cuentan las psíquicas.

En este caso, se trata de un hechizo de proyección, porque el testimonio y el simulacro están presentes en la mente del operador, y según su gusto los proyecta hacia la víctima, teniendo siempre bajo control el encantamiento mágico.

Esta es la acción más poderosa y peligrosa y, al mismo tiempo, la más difícil de realizar por el gran dispendio de energía que requiere. El operador podrá utilizar ceremonias de alta magia negra que le confieran mucho poder, aunque se trata de un hecho muy raro.

Si el hechicero conoce a la víctima sólo son necesarios los datos personales de esta, con lo que hay mucho más peligro puesto que puede haber un control del pensamiento y, por lo tanto, de las acciones. De otra forma también se puede conseguir que funcionen los testimonios. Si se halla un testimonio puente, es muy fácil someter a la víctima; el testimonio puente es aquella persona común al atacante y a la víctima que establece el contacto entre ambos durante el hechizo; a través de él se conseguirá hacer daño a la víctima.

Preliminares al ritual

Antes de empezar con el ritual son necesarios una serie de procesos que ahora explicaremos. En primer lugar, es necesario preparar los medios necesarios de protección, como el círculo mágico del que hemos hablado antes, y construir los posibles talismanes necesarios para la acción. Como ya hemos dicho antes, esta fase es muy importante para el buen funcionamiento del ritual puesto que configura la total protección y defensa del solicitante y del hechicero.

Otro de los preliminares es la construcción de simulacros que va con la preparación del altar. Los simulacros son las pócimas, mezclas o elementos que se ponen en contacto con la víctima para que el hechizo surja efecto. En el altar, el operador colocará las herramientas necesarias para el hechizo.

Activación de los testimonios

Durante este proceso, se pone en marcha la energía de los testimonios, de modo que las energías del solicitante y de la víctima se unen para crear el antagonismo necesario para la buena marcha del hechizo.

La unión de los testimonios hace que se cree un verdadero encadenamiento mágico entre estos y que el solicitante se transforme en un medio fácil de comunicación.

Ritual

Lo primero que hay que hacer es dar vida a los testimonios y acondicionar los simulacros.

Para llevar a cabo un hechizo hay que esperar a que las condiciones planetarias sean las buenas para que los planetas puedan ejercer efectivamente sobre nuestra acción. Como es sabido la magia se rige por la energía y una de las energías más importantes en este campo es la de los planetas; por lo tanto será necesario buscar un buen momento planetario para llevar a cabo tales prácticas.

Otro de los pasos del ritual es la de la quema de las hierbas mágicas necesarias para solicitar la ayuda de fuerzas superiores a las nuestras; fuerzas negativas mucho más poderosas de lo que podemos imaginarnos, mucho más poderosas que nosotros mismos y que rigen todos nuestros actos maléficamente mágicos.

Al tiempo que se queman las hierbas apropiadas, se recitan las fórmulas correspondientes. Una vez se haya hecho todo esto, el encantamiento está listo para entrar en acción.

Como el ritual en sí es la parte más importante del hechizo, vayamos a recapitular cada uno de los pasos aquí explicados.

1. Dar vida a los testimonios y al simulacro.
2. Elegir el momento planetario idóneo.
3. Quema de hierbas en señal de solicitud de ayuda a las fuerzas superiores necesarias, las fuerzas del mal.
4. Melopea de las fórmulas correspondientes.

Colocación o divulgación

El simulacro es el objeto que debe sintonizar con la víctima para que esta reciba los efectos del hechizo; por ello, debe ser colocado en un lugar muy frecuentado por la víctima y, a poder ser, únicamente por ella. Los lugares más idóneos suelen ser los colchones, las almohadas, los cajones, los bolsillos de trajes. Otra forma de hacerlo, es enterrándolo delante de la vivienda de la víctima, de forma que cada vez que esta entra se lleva con ella un poco de esa energía dirigida a perjudicarla.

Otro modo de divulgación es la psíquica, que consiste en que el operador se pone en contacto con la víctima a través del pensamiento. Además existen aparatos especiales que pueden proyectar a la energía vitalizada.

A veces se consigue desmaterializar el simulacro para montarlo en la habitación de la víctima con los elementos de esta habitación.

De todas formas, lo que más duele es el envío de objetos contundentes a la víctima, siempre a distancia; de ahí el budú. Un ejemplo de ello es el envío de agujas a distancia.

Tipos de hechizos

Hay muchos tipos de hechizos y cada uno de ellos tiene sus características propias, de la misma forma que habrá que proceder a través de uno a de otro según sea la intención que se tenga.

Hechizo directo

En este tipo de hechizo, se establece un contacto directo con la víctima. Se trata de hacer ingerir a la víctima las pócimas y filtros necesarios para que reciba los efectos deseados por el atacante.

En estos filtros se hallan ingredientes tales como uñas, cabellos u otros similares. Cuando se hacen beber estos ingredientes suele haber una intención sexual detrás, suele haber un deseo de alimentar la atracción sexual hacia alguien.

Otros ingredientes suministrados son las hierbas que se recolectan la noche del 23 de junio ya que, según la tradición, son muy efectivas amorosamente. A las pócimas que llevan estos ingredientes suelen añadirse muchas veces partes específicas de algunos animales. También se trata de filtros suministrados directamente a la víctima.

Este tipo de hechizos es de poca carga, a pesar de que los efectos suelen ser tan efectivos como los de otro tipo de hechizo; lo que ocurre es que son menos duraderos y no llevan tanta energía como otros.

Hechizos indirectos

Este tipo de hechizos son los más corrientes por su comodidad que es la distancia entre el solicitante y la víctima, de modo que esta ni sospecha lo que se está tramando.

El medio de comunicación entre ambas partes es el hechicero que con simulacros une las dos energías y facilita el paso de negatividad; su instrumento de trabajo es el simulacro que en este caso se trata de una imagen irreal que tiene como función la de representar una energía que vive y actúa sobre un plano más etéreo que físico y que abre paso a las energías negativas.

El simulacro más utilizado es la muñequita de cera que simboliza la víctima como persona. También suelen utilizarse fotos, ropas, restos de animales y frutos (el limón es el más utilizado). El animal vivo encadenado más utilizado es el sapo y los elementos más utilizados son los alambres, los huesos, las ramas secas en forma de cruz, nidos de pájaros, velas, etc. Hay algunas técnicas específicas para conseguir un hechizo de este tipo.

Sistema de hincado

En este sistema se utilizan cuerpos perforadores, como agujas, clavos, pequeñas espadas y maderos aguzados.

Los utensilios más utilizados son las agujas, que con frecuencia se clavan en un simulacro. Este puede ser de cualquier material, pero el más adecuado es la cera, en cuanto es el elemento mágico por excelencia, y también porque en ella pueden clavarse fácilmente las agujas o los pinchos.

La cera, al ser plástica, se modela en forma de muñequito. Generalmente, se utiliza negra o pintada de color negro, para representar el mal, el odio, la muerte. El simulacro se construye procurando que se parezca a la víctima, incluso resaltando sus características masculinas o femeninas. Cuando ello es posible, se introducen en el interior partes físicas de aquella, como uñas o cabellos.

También se obtienen resultados, aunque discretos, con partes de animales. El órgano más utilizado es, de un modo especial, el de gato, el de perro, el de gallina.

Otras veces, el pinchazo se realiza directamente sobre una fotografía o sobre un vestido.

La acción de clavar una aguja en una parte del simulacro tiene el efecto de atacar en el plano anímico a la persona hechizada, que muchas veces acusará un dolor físico y, por tanto, real, en la zona del cuerpo correspondiente.

De este modo, una aguja, una espina, un aguijón, clavados en la cabeza crearán atroces dolores de esta, en el tórax enfermedades pulmonares, en los órganos genitales impotencia o esterilidad.

La técnica del pinchazo se escoge según la preferencia personal; las agujas u otros objetos aguzados se colocan formando cruces, dobles cruces, ganchos, etc.

SISTEMA DE PUTREFACCIÓN

Con este método, se aprovecha la propiedad de deterioramiento de las sustancias orgánicas.

Normalmente, se utilizan partes de animales que se unen a los testimonios de la víctima, de modo que, a medida que avanza la putrefacción, se refuerza la acción del maleficio.

En el sistema más sencillo, se usa un filete de carne o una piel de animal, envolviendo con ello los testimonios (cabellos, trozos de uña, una fotografía o, en el peor de los casos, tan sólo el nombre y los datos personales).

El testimonio también puede estar representado por cualquier objeto poseído por la víctima, como un pañuelo, una aguja o un pasador para el cabello. Otras veces, los testimonios se envuelven en restos vegetales, como la piel de una fruta.

El procedimiento siguiente se llama «diseminación», y consiste en enterrar en el suelo el simulacro, dentro de un contenedor hermético y en un punto estratégico, con el fin de que durante la putrefacción las energías vayan creciendo a medida que se deteriora la sustancia orgánica.

Un método bastante macabro consiste en colocar el testimonio de la víctima (fotografía u objeto personal) directamente en el ataúd de un difunto. De este modo, cuando se entierra el féretro, el hechizo se refuerza a medida que el cadáver se descompone.

Cuando no es posible colocar el testimonio directamente en el ataúd, se entierra en un cementerio, eligiendo una tumba en la que yazca una persona fallecida recientemente, y que a ser posible tenga el mismo nombre de pila que la víctima.

Sistema de nudos

El anudamiento es un sistema popular muy utilizado, y toda su técnica se basa en la magia de correspondencia. Por tanto, si atando una cuerda se cree perjudicar a una persona, esta será verdaderamente perjudicada.

Realizar un nudo quiere decir atar mágicamente. El famoso lazo de las brujas se realizaba con una cuerda especial, hecha con pelos de animales.

Se hacían 9 nudos, y mientras realizaba la operación, la bruja enviaba pensamientos de odio y recitaba fórmulas mágicas.

De este modo, se mataba a la víctima sofocándola lentamente, ya que cada nudo iba empeorando su estado de salud.

Este sistema se utilizaba con mucha frecuencia para perjudicar a los campesinos, haciendo que sus vacas no diesen leche.

Los nudos se pueden realizar con lazos, cintas, corbatas, correas y cabellos. Estos últimos se utilizan especialmente cuando se pretende actuar en el aspecto sexual, para provocar la impotencia.

Existen cincuenta tipos de nudos, y cada uno de ellos tiene su particularidad, dando siempre un resultado especial.

Sistema de fuego

Su técnica también se basa en la magia de correspondencia. El operador tira el testimonio al fuego (con frecuencia, ropa de la víctima). Otras veces se pone junto al fuego una muñequita de cera moldeada a propósito, para hacer desaparecer el amor, la unión de una pareja.

O bien se queman hierbas, que normalmente son venenosas o tóxicas, como la cicuta, el eléboro y el beleño.

Las semillas se utilizan todavía más que las plantas, puesto que representan el principio vital, el conjunto de todas las energías del vegetal al que pertenecen.

En cambio, en ciertas ocasiones en vez del fuego directo se usa el calor, poniendo partes de la víctima en estufillas y recipientes de cerámica. También se utiliza la vela en la técnica del fuego, por ser cómoda y fácil de encontrar.

Esta, para los maleficios, debe ser de color oscuro y de cera virgen, modelada con las propias manos.

La vela contiene las cuatro fuerzas de la naturaleza: el FUEGO de la mecha arde en el AIRE, transformando así la cera, que representa el elemento TIERRA, en líquido, símbolo del AGUA.

En los hechizos son muy utilizadas las lamparillas de cementerio, que son más efectivas si provienen de una tumba. O bien se fabrica una vela con los restos de las lamparillas sacadas de los cementerios.

Es importante que la cera sea de un determinado color, según la finalidad a la que esté destinada:

— vela blanca para las bendiciones;
— vela amarilla para el amor sin egoísmos;
— vela anaranjada o de color rojo vivo para la atracción sexual y para purificar;
— vela verde para el dinero y la fortuna;
— vela azul para la protección y la inspiración;
— vela de color rojo oscuro, marrón o negro para los maleficios.

Como se puede notar, el fuego se utiliza también en operaciones benéficas, para anular los hechizos, para diagnosticarlos y como protección.

La propia vela asume el símbolo de la vida, y efectivamente, como es bien sabido, en los aniversarios cada velita marca una etapa hacia la felicidad.

Las velas sobre las tumbas representan la fuerza ascendente hacia el cielo, ayudando al traspasado en su camino.

Hechizo total

Se llama hechizo total a aquel hechizo que llega a todos los componentes de un grupo familiar. El hechicero actúa contra todos ellos con lo que la cantidad de energía empleada para llevar a cabo este tipo de hechizos es mucho mayor que en otras ocasiones con otros hechizos y de este modo el riesgo es mayor.

Si se decide proceder con muñequitas, serán necesarias tantas muñequitas como componentes haya, tantos simulacros como familiares.

Si se consigue colocar el simulacro en la habitación del grupo familiar será más fácil cumplir con el objetivo; los niños son mucho más susceptibles a este tipo de ataques por lo que hay que tener en cuenta dos cosas: la primera de ellas es que hay que proteger a los niños si se piensa que se está siendo víctima de un hechizo y la segunda, es que si se va a proceder con un hechizo de este tipo, hay que saber que las primeras víctimas de él serán los niños.

En caso de que se quiera proceder en una residencia rural, se seguirá un método diferente, que es el de limitar la casa con un hilo colocado en sentido contrario al de las agujas del reloj.

Hechizo periódico

Se llama hechizo periódico a aquel hechizo que como su nombre indica, hay que ir renovando periódicamente puesto que consiste precisamente en ser constante con pocas cantidades de energía a emplear en los momentos que se envíe el hechizo.

Esta constancia se traduce siendo la misma hora siempre la que se use para llevar a cabo el envío de energía negativa a la víctima. La mejor hora para hacerlo es la medianoche.

Suele elegirse este tipo de hechizo cuando no se tiene la suficiente energía para hacerlo de otra forma o como defensa del atacante puesto que, al no invertirse tanta energía en las acciones, el riesgo es menor.

Hechizo de muerte

El hechizo de muerte consiste, en resumen, en matar a alguien a distancia.

Se introducen los testimonios (sustancia de la víctima), en una estatuilla de cera que el operador llevará en la mano derecha, mientras en la izquierda llevará un aguijón. Se colocará de espaldas a oriente y pondrá los pies en ángulo recto, el derecho hacia el oeste y el izquierdo hacia el sur, con los talones unidos y llevará una túnica de seda negra y mantendrá el ceño fruncido.

Con esta posición y en este ambiente se pronunciarían las palabras adecuadas para que el hechizo cumpliera su fin. Las palabras son las siguientes:

«En el nombre de ... (nombre del ángel protector), de las energías cósmicas, solares, astrales, terrestres y humanas, que mi enemigo pueda no sobrevivir más de una luna a mi acto de muerte.»

Hechizo de sufrimientos

El hechizo de sufrimiento consiste en hacer sufrir a alguien a través de los pinchazos que se le den a su simulacro, consiguiendo que sienta el dolor donde se da el pinchazo. En el sentido de las agujas del reloj se procede a dar los pinchazos. En cualquier parte del cuerpo provocarán dolor pero en el corazón provocarían la muerte. Las palabras para este hechizo serían las siguientes:

«En el nombre de ... (nombre del ángel protector), de las energías cósmicas, solares, astrales, terrestres y humanas, que mi enemigo sufra atrozmente cada vez que yo le ensarte el alfiler.»

Tanto en un hechizo como en el otro (el de muerte y el de sufrimientos), el hechicero, al final, debe expulsar todas las energías que ha utilizado para llevar a cabo el hechizo, a través de una plegaria y de una buena fumigación de la estancia con incienso; además de estar totalmente sugestionado.

Hechizo de amor

El procedimiento a seguir en los hechizos amorosos es distinto que en el de cualquier otro tipo de hechizo, puesto que la intención que persiguen estos hechizos también es distinta: en los hechizos de amor se va en busca del alma gemela.

Ya en la introducción nos referimos a ellos, aclarando que aunque la intención de estos hechizos sea distinta y, quizá, más positiva que en los demás, este tipo de hechizos perjudican igualmente al operante puesto que se está aclamando las malas energías para conseguir un fin que huye de la voluntad del receptor.

El texto fundamental que habla sobre estos hechizos es el que lleva por título *El pequeño Alberto* y en él, aparte de venir muchos métodos mágicos para conseguir el amor, se justifican tales acciones: «No hay nada más natural para el hombre que amar y hacerse amar».

La búsqueda del amado puede acontecer de dos modos distintos: a distancia o directamente. Para hacerlo directamente, hay miles y miles de recetas y es bastante fácil, así que nos centraremos en la búsqueda en el plano etéreo de nuestras vidas.

En la obra antes citada, se da el siguiente modo de proceder: «Vivid castamente al menos durante cinco o seis días, y el séptimo, que será el viernes, comed y bebed alimentos de naturaleza caliente que os exciten al amor y, cuando os sintáis en este estado, tratad de tener una conversación con el objeto de vuestra pasión y haced de modo que pueda miraros fijamente a los ojos al menos en el tiempo que dura un avemaría. Los rayos visuales se encontrarán y serán de este modo potentes vehículos de amor que penetrarán hasta el corazón: la mayor arrogancia y la mayor insensibilidad no podrán resistírseles.» De hecho, esta es la receta básica para los hechizos de amor. Si se siguen las instrucciones al pie de la letra, no tiene por qué fallar, a no ser que la intención no sea propiamente amorosa y sea de otra índole.

Por ejemplo, si la intención que hay detrás de esta acción es puramente física o erótica no dará resultado puesto que para ser amado es preciso estar completamente compenetrado con el otro, tanto física como espiritualmente. Por otro lado, la falta de profundización y de concentración también pueden ser factores que ayuden al no cumplimiento de nuestros propósitos. Como se ha dicho anteriormente, la no total creencia en la efectividad de la magia, podría provocar resultados nulos o malos.

Los astros, en muchas ocasiones, juegan un papel fundamental en lo que a relaciones amorosas se refiere.

LA BÚSQUEDA DEL AMADO MEDIANTE EL CUERPO ASTRAL

Todas las personas tenemos lo que se llama comúnmente nuestra «media naranja». Los atrólogos han explicado este hecho como la coincidencia de cuerpos astrales gemelos, lo que quiere decir que sólo existe un cuerpo astral que sea completamente igual al de uno mismo. Esta identidad de cuerpos astrales provoca que haya una total concordancia vital entre estas almas.

En este campo, si se habla de «flechazo» se está hablando de la sintonía entre las ondas de los dos que han sentido el flechazo. Por lo visto, las ondas de ambas partes se emiten a la misma longitud y por eso se enamoran.

El estado célibe se explica apelando a la ley anterior. La distancia entre quien espera su alma gemela y él mismo es muy ancha y por eso no se produce el contacto. Pero ese contacto se puede provocar a través de unos ejercicios determinados. El procedimiento consiste en atraer al cuerpo astral que nos corresponda y de esta forma conseguiremos que acuda el cuerpo físico. Hay que tener en cuenta que el sentimiento del que hablamos es aquel sentimiento del que hablan tantas personas que ansían un verdadero encuentro con su alma gemela; quieren dar amor, aman, ya, pero no saben a quién.

Lo que hay que hacer en tales casos, es construir mentalmente al «otro» deseado. Dotarlo de inteligencia y de valores, de carácter, de actitud hacia la vida. Seguidamente, le daremos cuerpo. Imaginaremos su cara, su busto, sus brazos, sus manos, etc.

Todos los días, hay que concentrarse en este ser amado, hay que pensar en él y hay que desear a toda costa que aparezca. A pesar de que es un proceso muy lento y que es fácil desmoralizarse, hay que tener en cuenta que si se cae en la flaquedad lo único que se conseguirá será que fallen nuestros propósitos; entonces sí habremos conseguido que no ocurra.

Si todo se ha hecho como es debido, cuando ocurra, se refiere a cuando se produzca el encuentro, se conocerá a fondo al otro, sin lugar a dudas. En caso de que este otro no esté solo hay que actuar a través de la psicología, y ahí empiezan las dificultades.

Elección de la acción

¿Qué hacer en caso de que nuestra alma gemela ya esté acompañada de otra persona? Se pueden hacer dos cosas distintas, mejor dicho, se puede proceder desde distintos ángulos.

Se puede actuar pretendiendo que sienta repulsión por su compañero o compañera, o bien se puede provocar que sienta tanta atracción por quien ha llamado su presencia que no le quede más remedio que replantearse su vida a este nivel. Sea como sea, hay que actuar, solamente, a través del ser amado.

Si se opta por lo segundo, hay que hacerle ver a nuestra alma gemela que no puede vivir si no es con nosotros a su lado, que no es feliz de otro modo. A la par, hay que transmitirle un deseo óptimo de convivencia, una tendencia casi indominable de querer compartir nuestra vida con él/ella.

A modo de síntesis, recordaremos los puntos más importantes a tener en cuenta a la hora de llevar a cabo un hechizo:

1. Proceder mediante proyecciones de imágenes.
2. Representarse a las personas con las expresiones del rostro durante los actos usuales de su vida cotidiana.
3. Visualizar el amor, incluso bajo el aspecto físico.

Síntomas y diagnóstico de los hechizos

Síntomas

El síntoma más característico de un hechizado es que todo le funciona mal. Todo lo que forma parte de su estructura de vida se desvanece sin saber por qué. Además, es más propensa a las enfermedades; personas que nunca están en estados precarios de salud empiezan a estarlo por arte de magia.

Los síntomas más característicos a nivel sanitario serían los siguientes: mareos, inapatencia, náuseas, enflaquecimiento. A nivel psíquico subrayaremos el ansia, las palpitaciones, el dolor de cabeza, la mala respiración, etc.

Si la víctima tiene pareja ese amor desaparecerá, o al menos hará que se note deterioro en la relación. Este síntoma es muy común y determinante por lo que hay que ir con cuidado.

Por otro lado, es posible que se note algún que otro dolor en alguna zona del cuerpo que no será otra cosa que los efectos del simulacro, de lo que se está haciendo en él. Como se ha dicho anteriormente, se puede matar a la víctima a través del muñequito de cera, por lo que este tipo de molestias no son nada extrañas si se es un hechizado.

En África Occidental, existe la tradición del envío de veneno a distancia. Para llegar a este fin, suele sacrificarse un gallo rojo al tiempo que se pronuncian unas palabras mágicas.

Diagnóstico de los hechizos

Antes de empezar a diagnosticar y determinar qué solución necesita, hay que averiguar si se trata de un hechizo o de un mal de ojo. El buen mago con bondad sabe distinguir perfectamente el mal de ojo y el hechizo a simple vista, a pesar de que existen técnicas para averiguar si existe el hechizo en una persona: de ellas hablaremos más tarde.

Como la situación de crisis se ha generalizado en los últimos tiempos, la creencia en la magia ha tenido un resurgimiento importante debido a que es más fácil atribuir culpabilidad de las cosas a algo o a alguien que pensar que pasan porque se permite que pasen. Por otro lado, este mismo hecho ha provocado la industrialización de la magia y muchos de los que se hacen llamar magos (hay que distinguir entre mago y hechicero. El primero es el que trabaja con fuerzas benévolas y el segundo el que lo hace con las fuerzas del mal), en realidad son hechiceros y si no es así, porque esta no sea su intención final, el hecho de haberse hecho jugadores de algo que no conocen, hace que trabajen con las fuerzas del mal. Por eso, en caso de necesitarlo, hay que ir con cuidado al elegir a la persona que se encargue de librarnos de un hechizo porque podría hacer que saliéramos más perjudicados de lo que ya lo estábamos.

Otro factor importante, a tener en cuenta en este campo, es la locura en la que caen muchas personas que se creen hechizadas pero que en realidad no lo están. Se trata de gente que se sugestiona de que está hechizada por alguna razón que muchas veces no conocen ni ellos mismos pero que, en cualquier caso, no pertenece al terreno mágico sino a uno mucho más tangible pero no por ello tan alejado de ella: la psicología. Muchas personas con falta de afecto, o que necesitan llamar la atención inconscientemente, o que sienten que todo el mundo está dispuesto a hacerles daño, se inventan que están hechizadas para justificar su estado de ánimo y para conseguir la atención y el cariño de los demás.

Como se ha dicho más arriba, existen métodos para averiguar si una persona está hechizada o no. En realidad se trata de ritos no muy difíciles de conducir y muy útiles en caso de apuro.

Rito del incienso

Se coge un poco de incienso y se introduce en un barreño de cobre que no sea muy grande. Seguidamente, se incinera el incienso y se observa el color del humo que desprende. Cuanto más oscuro sea el humo, más negatividad habrá en el ambiente, de modo que cuanto más claro sea, menos negatividad habrá en el ambiente.

Rito de la sal

A un recipiente de cobre o de cerámica se tiran veintisiete granos de sal sobre los cuales se echan siete cucharaditas de alcohol. Una vez se haya hecho esto, se quema la mezcla con una cerilla de madera. Si al quemarlo hay algún chisporroteo, habrá que deducir que hay negatividad en el ambiente y cuanto mayor sea ese chisporroteo, mayor será la negatividad existente. En resumen: la señal de que hay malas energías alrededor es el chisporroteo que según sea mayor o no, indicará que hay más o menos negatividad en el ambiente.

Rito del aceite

Para este rito se necesitan un barreño y un plato pequeño y una vela. Se llena el barreño de agua y el plato de aceite.

Se enciende la vela, que tiene que ser blanca, con una cerilla de madera y se anula cualquier otra fuente de luz. A continuación, se moja el dedo índice de la mano izquierda de la supuesta víctima con el aceite del plato y se hacen deslizar de él tres gotas de aceite al agua del barreño. Se pasa el plato del aceite tres veces por encima de la cabeza de la víctima.

Si las tres gotas de aceite se mantienen enteras en el agua, entonces no hay problema. Si, en caso contrario, forman círculos, entonces se tratará de un hechizo. Cuantos más círculos se formen mayor será el hechizo que se esté a punto de tratar.

Rito del olivo

Se tiran tres gotas de aceite en el agua que hay dentro de un plato (para tirarlas se procede de la misma forma que en el rito anterior). Se añade una hoja de olivo bendecida y si al hacerlo el aceite deforma su forma inicial en el agua, entonces se tratará de un mal de ojo.

Rito del plomo

El rito del plomo, más que para averiguar si hay hechizo o no, sirve para librar del hechizo al que lo posea.

En presencia del hechizado, se echa plomo fundido en un barreño de agua. El plomo toma formas que son los rasgos del flujo maléfico que molesta a la víctima; estas formas libran unos vapores que expulsan las energías maléficas. Así sólo queda la materia que es el plomo y por lo tanto el hechizo desaparece.

Fijación ocular

El examinador debe fijar la mirada en los ojos del supuesto hechizado. Si se ve reflejado en ellos, no habrá problema, pero si por el contrario no es así, será señal de que existe alguna energía que le molesta.

Si las líneas del rostro de la víctima se ven endurecidas, entonces habrá que pensar que esa persona es presa de un mal de ojo.

Rito de los cabellos

Se queman tres o siete cabellos en una cerilla.

Las cenizas que resulten de ellos se frotan con la mano derecha mientras se sostienen con la izquierda. Dependiendo de las figuras que formen, se sabrá si hay o no hay mal de ojo o hechizo.

Los signos

Los signos de la existencia de un hechizo se forman en el pavimento de la residencia de la persona a la que se haya hechizado.

Si se trata de algo hecho a distancia o de un mal de ojo, se observarán garabatos, puntos oscuros acompañados de brazos y espalda y en ocasiones, aunque no es muy frecuente, habrá la silueta de una persona.

Los hechizos se detectarán por el hallazgo de elementos secundarios (simulacros) que pueden encontrarse en el interior de colchones y almohadas, por ejemplo. Los nidos de pájaro, los espirales o las típicas muñecas de cera son las muestras más comunes. Estos simulacros suelen entrelazarse entre la lana y las plumas de los lugares que antes hemos dicho.

Diagnóstico por medio de fotografía

El operador debe hallarse en trance o, al menos, en un estado de conciencia alterado. En esta situación debe observar la fotografía de la víctima y si ve aparecer algún espectro en ella, sobre todo en los cabellos del fotografiado, indicará que existe mal de ojo.

Control del aura vital

El aura está compuesta por vibraciones más etéreas que nosotros mismos por lo que es lo que capta más rápida y fácilmente las malas energías.

Por esta razón, la visión del aura responde a si hay o no hay negatividad proyectada hacia nosotros.

El vidente ve el aura con facilidad y puede diagnosticar la existencia de un hechizo. Si el aura toma vibraciones de color negro, rojo o amarronado, será señal de que se está proyectando negatividad hacia la persona que se está examinando.

Los sueños

Como ya dijo Freud en su momento, el inconsciente sabe cosas que no sabe el consciente porque no las quiere saber.

Cuando se está dormido es el inconsciente el que trabaja y por ello no da información si después recordamos nuestros sueños. En los sueños, gracias al inconsciente, puede aparecer la persona que se encarga de querernos o de hacernos mal, de la misma forma que pueden captarse las energías negativas de las que somos presas.

Otra cosa a tener en cuenta es la comunicación que se establece con los difuntos. En ocasiones, nos comunicamos con ellos a través de los sueños y ellos, también a través de los sueños, pueden decirnos quién es el que nos envía las malas energías.

De este modo hemos dado un repaso a los medios más conocidos usados para diagnosticar la presencia de un hechizo, y podemos decir que todos son válidos.

Los sistemas populares se basan en la proyección del pensamiento, que se dirige a través de medios más o menos empíricos, los cuales, gracias a la analogía vibratoria entre los distintos elementos (agua, aceite, sal, etc.), están en condiciones de despertar en el operador facultades latentes, como la videncia, la precognición e incluso la telecinesis en el caso del aceite que se extiende por el agua.

Otros operadores más valientes no utilizan ningún medio físico, y se basan solamente en las sensaciones derivadas de la observación de una persona o de su fotografía.

Cada cual tiene su sistema, proporcional a su propia capacidad.

El retorno

Se conoce por retorno el efecto por el que quien envía el hechizo lo recibe. El retorno se puede producir por diversas razones y los hay de diversos tipos. Lo más importante de este apartado es que plantea que el retorno de un hechizo enviado a alguien como se ha dicho antes, a quien más mal provoca es al que lo envía y no a quien lo recibe.

Se puede deducir que quien recibe el retorno no es el operador (el hechicero), que hace de intermediario, el solicitante que lo encargó y de forma mucho más grave que el receptor. El mal se multiplica y su efecto es mucho mayor que el que se quería provocar; no ha de ser el solicitante el directamente afectado sino que puede ser alguien de su familia, normalmente el que tiene menos energías o es más susceptible; los niños, por ejemplo, son los más indefensos.

El efecto de retorno más conocido es el efecto *boomerang*, que como su nombre indica, provoca un contrahechizo automático.

La ley divina es perfecta pero todo el mundo acaba recibiendo lo que ha dado por lo que hay que ir con mucho cuidado. Con esto no se quiere decir que sea justa o injusta, simplemente que hay que saber que la energía se reparte entre todo el mundo y es imposible hacerlo de otro modo. Cada ser humano debe someterse a las leyes divinas que, en Oriente, reciben el nombre de «Karma», y que indican la acción exacta, el movimiento del propio destino, que es elegido por cada uno de nosotros en cada momento, mediante nuestro comportamiento.

Como se ha dicho al principio de esta sección hay distintos motivos por los que se puede producir un retorno. Estos son los siguientes:

a) Por errores del operador: los errores del operador pueden ser de diversos tipos, y pueden estar provocados por distintas causas que pueden ir desde un mal estado de salud a la poca experiencia para ejercer tales prácticas.

b) Por defensas naturales del destinatario: si el destinatario es alguien con mucha energía a su favor, es decir, se halla en un entorno amigable y es muy fuerte, la cantidad de energía negativa que se le envíe debe ser muy alta, y muchas veces, no se llega al nivel necesario.

Por otro lado, cada persona tiene distintos escudos de defensa y de protección que lo hacen inmune. Además, hay destinatarios que no creen en el poder de los hechizos, por lo que consiguen defenderse casi sin saberlo.

c) Por el escudo de amor: si se trata de alguien a quien mucha gente aprecia, será dificilísimo provocar algún efecto puesto que los buenos pensamientos que hay sobre ella actuarán de escudo protector.

d) Por elevación espiritual: en el caso de que se trate de alguien que no participe de los juegos u hostilidades que se puedan presentar en la vida cotidiana, a la vez que inspira agradecimiento en todo el mundo, será imposible que le afecte cualquier acción de este tipo porque vive en un plano superior.

e) Por factores propios a cada caso: son incontrolables. Se trata de factores que huyen de la voluntad del operador y del solicitante, como por ejemplo, que la víctima esté delante de un espejo en el momento del hechizo.

Todos estos factores influyen en los hechizos, de la misma forma que no hay que olvidar que, muchas veces, se es castigado mucho antes de haber desempeñado la acción, sólo por el hecho de haber tenido la intención de hacerlo.

Historia de los hechizos

Para terminar este capítulo dedicado a los hechizos, vamos a pasar por la historia de ellos, para ver si se puede sacar algún tipo de conclusión respecto a la existencia de la creencia en ellos y al hecho de que todavía hoy, en la era de la ciencia y la técnica, sigan llevándose a cabo acciones de este tipo o, al menos, se siga escribiendo sobre ellos como en esta ocasión.

De los tiempos remotos al siglo XVI

EGIPTO

En la civilización egipcia existían magos profesionales y las prácticas de hechizo se encontraban ampliamente difundidas en los dominios de los antiguos faraones, particularmente en el campo político.

Algunos sacerdotes habían urdido una conjura para matar mágicamente al faraón Ramsés III con la ayuda del clásico procedimiento de la estatuilla de arcilla atravesada por alfileres.

Por motivos religiosos y políticos, el gran sacerdote de Amón quería matar al faraón Akhenatón, culpable de haber destronado el culto del estado sustituyéndolo por la adoración al dios Atón. Cuando hubo descubierto sus intenciones, el faraón atrapó al sacerdote con las manos en la masa, justamente cuando preparaba la estatuilla. Por otro lado, según los testimonios de los papiros egipcios, se pueden obtener centenares de procedimientos mágicos tendentes a favorecer el amor.

Mesopotamia

En esta región, los arqueólogos han encontrado numerosos tipos de estatuillas destinadas a los hechizos de amor. Por ejemplo, en un texto babilónico se lee: «Han hecho la imagen a semejanza de la mía; han imitado mi rostro.» Es un hombre quien así habla, persuadido de haberse transformado en víctima de maleficio.

Además de las figurillas clásicas encontramos otro tipo de elementos, como es el caso de las ranas.

Entre estos pueblos, la clásica migraña era considerada como fruto de un hechizo.

También se encontraba difundido el uso de talismanes y amuletos, algunos de los cuales se han transmitido hasta nuestros días. Es interesante referir un procedimiento de contrahechizo, dirigido a los hechiceros, descrito en una antiquísima inscripción; alguien había sido alcanzado por la hechicería, o así lo pensaba, y para vengarse construyó una imagen del brujo o de la bruja responsable de tal fechoría, con el objetivo de provocar el golpe de retorno.

Como es evidente, se trata de un procedimiento similar al usado en la actualidad.

Grecia

Los profesionales de la magia en la antigua Grecia eran muy numerosos: hablan de ello tanto Pitágoras como Platón, este último directamente para invocar la pena de muerte para aquellos que llevaban a cabo sortilegios.

Los métodos eran los clásicos de la figurita, complicados a veces con un arsenal de filtros de amor.

A este propósito bastará recordar la *Odisea* en el episodio de Circe y de la transformación de los compañeros de Ulises en puercos, la hierba *moly* y los diversos filtros y ungüentos dados por los dioses y semidioses de la mitología griega.

Roma

En los albores de la civilización romana, para realizar maleficios se utilizaban tablillas de plomo sobre las que se grababa el nombre de la víctima, la fórmula mágica, el nombre de la divinidad a la que se invocaba en busca de ayuda y el objetivo que se pretendía. Tanto Virgilio como Horacio hablan difusamente de la magia; particularmente, este último hace una detallada descripción de Canidia, una bruja que iba camino de ser grande, la cual se servía para sus maleficios de dos figuritas, una de cera y la otra hecha de lana.

El punto más elevado de la brujería en la antigua Roma se alcanza en la época del emperador Tiberio, mientras Tácito, en los *Anales*, refiere procedimientos mágicos usados contra Germánico, la víctima.

Renacimiento

La brujería ha tenido su máximo esplendor en este período histórico. Las cortes de Europa estaban llenas de sujetos poco recomendables. En este período han tenido comienzo los grandes procesos de la brujería.

Paracelso, el más célebre de los alquimistas del Renacimiento, ilustró detalladamente los procesos por brujería que se realizaban en su tiempo.

En Francia, en la corte de Catalina de Médicis, existían numerosos astrólogos y magos, siendo suficiente con mencionar el famosísimo Nostradamus, cuyas profecías son aún hoy tenidas muy en cuenta por los aficionados.

Otro de los grandes nombres de aquel período es el del terrible Cosma Ruggieri, el cual se vio envuelto con singular frecuencia en sospechosas historias de hechizos. Recordemos solamente que Margarita de Navarra fue objeto de un hechizo de amor llevado a cabo por Ruggieri, quien había fabricado una estatuilla de cera coronada, cuyo corazón estaba atravesado por un alfiler; el hechizo había sido encomendado por el Caballero de la Mole.

El hechizo siguió su curso y Margarita de Navarra terminó locamente enamorada del caballero.

Del siglo XVII a la actualidad

Jamás como en este período el florecer de los gabinetes mágicos alcanza tal apogeo.

La Voisin fue la operadora principal de misas negras y hechizos de muerte, y el sólo hecho de nombrarla hacía temblar a muchos.

Tuvo una rápida ascensión social, el dinero se amontonaba en sus bolsillos y podía contar con numerosos clientes de alta alcurnia. El llamado «asunto de los venenos», en el que al parecer se encontraba implicado hasta el propio hermano del Rey Sol, de Francia, y que la convirtió en protagonista principal, terminó con su condena a muerte: fue ejecutada el día 20 de febrero de 1680, siendo quemada viva en la plaza pública.

En los tiempos modernos siempre se ha analizado el hecho mágico bajo su perfil etnográfico o como la esteriorización de procesos inconscientes no resueltos pero, a pesar de ello, se puede decir que diariamente nos hallamos envueltos por la magia y la hechicería.

Unas notas

En este capítulo hemos tratado lo que constituye el cuerpo de la magia.

Es importante decir que la intención de este texto no es la de convertir en hechiceros profesionales a los lectores de él, sino, simplemente, dar toda la información necesaria para comprender de la mejor forma qué es la hechicería y, sobre todo, advertir de las consecuencias que su práctica puede tener a la vez que aprender a neutralizarla

Los contrahechizos

Como se ha dicho en el capítulo anterior, el contrahechizo automático es el que se conoce por *efecto boomerang*, pero existen técnicas para provocar un contrahechizo, es decir, un hechizo que frene o acabe por completo con los efectos del anterior dirigido a alguien. La víctima se dirige a un operador para que le libre de algún hechizo del que es presa y este se dispone a poner en práctica los métodos de los que ahora hablaremos.

El objetivo de un contrahechizo es el de proteger a la víctima y el proceso que se debe seguir para llevarlo a cabo es acudir a un experto y dejar que él intervenga con el ritual adecuado a la situación.

Los métodos a destacar son los que nos disponemos a enumerar y explicar.

Contrahechizo de disgregación

Este tipo de contrahechizo es muy utilizado aunque no el más común. A *grosso modo*, consiste en enviar energía del signo contrario al que ha mandado el hechizo, consiguiendo de esta forma, anular el hechizo.

La dificultad que tiene este método es el conocimiento que ha de tener el operador de la energía que ha sido enviada. Hay que saber muy bien de qué energía se trata, qué rasgos tiene y qué cantidad de fuerza ha sido utilizada. El problema está en que hay que conseguir mandar tanta o más energía de signo contrario para obtener resultados porque, de lo contrario, sólo se consigue rebajar los efectos del hechizo pero no acabar con él.

Contrahechizo de absorción

Este sí es el más utilizado. Consiste en que el operador absorbe las energías negativas de las que es presa la víctima y después las expulsa de distintos modos.

Hay distintas formas de descargar la energía absorbida, entre las que se puede destacar la utilización de cristales y piedras preciosas con poder de absorción, de modo que el operador no es verdaderamente el absorbente sino que lo son los objetos de este tipo que tiene en su poder.

Otra forma de eliminar las malas energías es la utilización de recipientes especiales, llenos de agua y con antenas absorbentes que se ponen en marcha gracias a un ritual mágico determinado, al igual que los catalizadores con espirales de cobre que sirven para lo mismo.

Otro sistema que tienen los operadores es la absorción de energía y la descarga de esta en lugares considerados como adecuados, por ejemplo, un cementerio.

Absorción a través de muñecas

Muchos hechiceros tienen muñecas en casa en los lugares más indicados para que produzcan lo que se busca de ellas, que es protección.

Se considera a las muñecas, que tienen que ser preferentemente antiguas, como unas buenas captadoras de mala energía y al ser inanimadas, no pueden hacer con ella nada que no sea retenerla.

Colocadas en los ángulos de todas las habitaciones de la casa del operador y cada una de ellas con nombre propio (para indicar la personificación que se quiere hacer a través de ellas), constituyen un perfecto elemento de protección y de poder mágico.

El gato

Más que el gato, es preferible la gata. Lo ideal es tener tres gatas negras puesto que estos animales son unos excelentes protectores y captadores de energía.

La trasmutación esotérica

Se trata de un sistema poco utilizado porque requiere unos muy buenos conocimientos del operador. Para emplear este sistema el operador tiene que ser muy bueno porque, de lo contrario, se puede producir un desastre. En suma, consiste en el reciclaje de energías.

El proceso consiste en recoger la energía en depósitos filtradores. Se trata de energías que se utilizan para curar al prójimo y en este proceso las energías son consideradas, todas, como energías incluso la más negativa. En estos depósitos se produce un filtraje, bajo un ritual, que hace que se desprendan todos los malos residuos de estas energías, de modo que pueden ser reutilizadas positivamente y, en este caso, proporcionan efectos indudablemente positivos y curativos.

Neutralización

La neutralización es el tipo de contrahechizo que consiste en provocar un hechizo de signo contrario al hechizo que recibe la víctima.

Los útiles más comunes en este sistema son los *antisimulacros* que, como indica la palabra, son simulacros que, en lugar de construirse, se «desconstruyen».

Dos ejemplos de estos antisimulacros son el antisimulacro de lazos y el antisimulacro de fotografías. El primero consiste en construir un simulacro de lazos, por tanto, en anudar una serie de lazos, para después soltarlos de forma que se acaba con el hechizo. La simbología está clara: primero se forma lo que se está recibiendo (el hechizo) y luego se deshace (contrahechizo).

El antisimulacro de fotografía consiste en la actuación por medio de signos y fórmulas a través de una fotografía para acabar con los efectos del hechizo del que se sea presa.

En el caso de la neutralización la víctima puede tomar parte del proceso de distintas formas entre las que cabe destacar la recitación de plegarias (durante nueve días), la quema de incienso o el mantener velas encendidas a determinadas horas y un número de días en concreto.

Así, en la baja magia, se utilizan contrahechizos uniéndose a la magia de analogía o correspondencia.

Para contrahechizar, hay que ir con mucho cuidado, puesto que es posible que se esté tratando de una operación en la que se han utilizado espectros o entidades malignas. Si es así hay que servirse de una entidad de signo positivo. La dificultad de este tipo de hechizo reside en el hecho de que hay que recurrir, verdaderamente, a entidades de signo positivo y no caer en el error de pedir ayuda a entes del mismo signo que los del hechizo o con los mismos entes del hechizo.

Pero el mayor problema que se plantea en estas operaciones es la muerte. En caso de que el solicitante del hechizo esté muerto, hay que recurrir a un buen experto porque la absorción de energía negativa es más peligrosa. Si el muerto es el operador, entonces hay que temblar porque, con la muerte, este adquiere más libertad de acción por lo que es necesaria una buena transmutación y, como se ha dicho en el apartado que se ha hablado de esta operación, se trata de un método muy complicado y para el cual se necesita un muy buen conocimiento y práctica de la técnica.

La purificación de la casa

A cada casa, corresponde un ambiente distinto, puesto que los pensamientos, sentimientos de cada habitante de ella, influyen en la impregnación de energía que se produzca en las paredes de los hogares. Cada pensamiento, cada actitud, cada tendencia hacia los demás queda en el ambiente y se une a los hombres que lo respiran que son, en el fondo, todos los hombres. Pueden ser celos, puede ser odio, puede ser amistad o amor (de muchas clases), no importa, todo permanece en la atmósfera, pero sólo el vidente es capaz de visualizarlo sin lugar a dudas.

En la ciudad, como pulpos de múltiples tentáculos, existen las formas-pensamiento más brutales. Cada ciudad tiene un carácter propio, un modo de pensar especial hecho a imagen y semejanza de sus habitantes. En el mundo no existen dos ciudades iguales, cada una tiene un sello y muchos de nosotros, al desplazarnos a otros sitios, hemos tenido este tipo de percepciones y sensaciones. En algunas ciudades, se respira calma, tranquilidad y serenidad, en tanto que en otras domina la agitación y la violencia. Algo parecido ocurre con los barrios, cada zona refleja los pensamientos de sus habitantes; el barrio elegante, el que goza de mala fama, los populares, etc. En cada barrio existe un pensamiento tipo formado por los pensamientos de sus habitantes.

Así pues, la similitud casa-ciudad está clara. En cada casa hay un ambiente distinto. En las casas donde hay compañerismo, risas, alegría y tranquilidad, se respira un buen ambiente, es decir, hay buenas energías. En cambio, en las casas donde hay gritos, riñas, mentira, enfados, desconfianza, hay mala energía por lo que el ambiente que se respira es muy desagradable.

En este sentido podemos reproducir la siguiente experiencia personal: «recuerdo muy bien, que el verano pasado, durante las vacaciones, fui invitada a pasar unos días a Extremadura, a casa de una humilde familia de campesinos; en el transcurso de las vacaciones, hubo cambios en el número de habitantes de este hogar. A mi llegada, en la casa se hallaban un matrimonio mayor, padres de dos mujeres que se hallaban con sendos maridos e hijos. Una de las mujeres, la hermana mayor, durante el año no vive allí, su familia y ella viven, estudian y trabajan en la ciudad por lo que sólo conviven con el resto durante el mes de las vacaciones de verano. Durante la primera semana, todo fue bien, el lugar resultaba acogedor y agradable, se estaba muy bien; yo, que era un huésped, me sentía como en mi casa y me movía con desenvoltura por la casa hasta el punto de que dejé de informar de si iba a beber un vaso de agua o a coger un par de galletas al cabo de muy poco tiempo (creo que sólo lo hice el primer día). Pero la segunda semana, llegó la parte de la familia que faltaba, el hermano mayor con su esposa y sus hijos. Por un lado, los que habíamos vivido en armonía y tranquilidad dejamos de hacerlo porque empezamos a callar y a ir con mucho cuidado en nuestras actuaciones y, por otro lado, me enteré de que, no se sabía por qué extraña razón, la esposa de este señor no se sentía a gusto en aquella casa, y también me enteré del trato que recibían las hermanas por parte de esta mujer que era, y pude observarlo, un tanto inadecuado; comprendí en seguida la causa del malestar de esta señora. Una persona como ella, celosa, egoísta, poco delicada, desconfiada continuamente (yo creo que por temor a sus propios demonios) no encajaba en un lugar donde todo lo que ella sabía hacer, el modo que tenía de pensar, de sentir y de actuar ni tan sólo se conocía, mejor dicho, se rechazaba por completo. Se trataba de una persona que no podía soportar la felicidad de los demás porque era una amargada que deseaba su modo de existencia para los demás». Así pues, se ve que las personas con malas energías no se sienten a gusto en lugares con energía positiva y las personas con buenas energías se sienten fatal en lugares donde hay mal ambiente; la incompatibilidad persona-ambiente se produce de todos modos. Los hechiceros maléficos no se sienten a gusto en lugares donde reina el bien y la paz.

Algo parecido ocurre en los barrios, cada zona refleja los pensamientos de sus habitantes: el barrio elegante, el que goza de mala fama, los populares, etc. En cada barrio existe un pensamiento tipo formado por los pensamientos de sus habitantes.

La purificación de la casa se lleva a cabo para eliminar o alejar las malas energías de las que se pueda estar siendo víctima. Para ello, se utilizan diversos métodos de lucha que son diversamente eficaces. Lo que está claro es que si existe una difusión constante de los ritos mágicos positivos, se consigue un buen ambiente y una buena protección porque, como se ha dicho en otros capítulos, las energías positivas por sí solas, sin ningún tipo de acción específica, son un excelente contrahechizo espontáneo.

En algunas culturas la costumbre purificadora más popular era el sacrificio de animales, cuya sangre se esparce por los ángulos del edificio que se quiera purificar. En estos casos estamos hablando de *sortilegios* de los cuales se obtienen resultados si las energías usadas para el mismo son de poca intensidad, es decir, no son muy fuertes y no pretenden causar un enorme daño a las víctimas.

Otro método muy popular es el de las velas, que consiste en encender velas con una cruz cada una. El primer día se encenderán tres y los días siguientes se encenderá una cada día hasta llegar a nueve.

De todos modos, cualquier de estos tres métodos son

sencillos y responden a la necesidad de acabar con alguna energía no muy intensa. El cuarto de los métodos que se van a nombrar es el que necesita verdaderamente de un hechicero puesto que hay que recurrir a fuerzas sobrehumanas a través de fórmulas mágicas precisas; si se recurre a este método, se hace para proceder a purificaciones profundas.

La magia de la sangre

Debemos incluir en este capítulo una explicación de la magia de la sangre, de la popularidad que tiene entre las prácticas mágicas y del por qué.

La sangre es el lazo mágico más importante puesto que es la linfa vital, la representación del alma humana. Por ello, la entrega de sangre en los sacrificios simboliza la entrega del alma. Los hombres primitivos se alimentaban de sangre de los muertos puesto que existía la creencia de que de esta forma se asimilaba el alma del muerto, es decir, las características del que se había muerto. En las tribus africanas que mantienen sus tradiciones mágicas se beben la sangre de los animales cazados porque creen estar adquiriendo las características del alma de ese animal: si algún hombre de alguna tribu se bebe la sangre de una pantera, se le considera un superhombre dentro de la sociedad de la tribu puesto que creen que ha asumido el valor y la fuerza de este animal tan temido por los indígenas.

Los guerreros africanos comen carne de los animales porque creen estar ingiriendo con ella la fuerza y la agresividad del animal. De hecho, hay pruebas científicas que corroboran este efecto de la nutrición, es decir, que explican de qué manera y por qué, hay una influencia en la conducta posterior de los seres, dependiendo de lo que coman.

Si una serie de moluscos son condicionados por medio de estímulos luminosos a recorrer un laberinto y después son dados como alimento a otros moluscos, estos últimos almacenan automáticamente el conocimiento y están en condiciones de recorrer el laberinto. Lo mismo se puede decir de las procesionarias (gusanos, así denominados porque tienen la costumbre de moverse uno detrás de otro, en forma de procesión). En este caso, también se puede enseñar a una procesionaria (por medio de los estímulos adecuados) a no seguir al gusano que la precede, y si a continuación se da como alimento a otras procesionarias, también estas adquieren la enseñanza.

Pero más que en la magia que nos interesa a nosotros, es en la magia negra donde más se utiliza la sangre; en las ocasiones que así es, la sangre utilizada suele ser la de personas que han muerto en muy violentas y trágicas condiciones. Una prueba de ello es la sangre que fue recogida con pañuelos, del criminal John Dillinger, muerto en 1934. Durante la época romana, los espectadores de los combates de gladiadores, cuando terminaba la exhibición bajaban a la arena con la intención de recoger la sangre del muerto. Paracelso curaba a sus enfermos con la sangre de ellos mismos, actuaba sobre ella para exterminar la enfermedad que sufriera su paciente. Antiguamente, si se hería a alguien con un objeto cortante, para sanar la herida se curaba el objeto y no la persona, de modo que se creía que a través de él se podía curar el daño causado.

Otras pruebas, como el *pacto de sangre*, son muestra de la importancia que ha tomado la sangre en las culturas que creen en los hechizos. Según la tradición, el pacto de sangre es el más importante que puede producirse entre dos o más personas. Se cortan las dos muñecas derechas, se unen las dos partes y, mientras se mezcla la sangre, se pronuncia el juramento. Otras veces, el pacto de sangre es llevado a cabo entre un hombre y un demonio, y en este caso el hombre deberá poner la firma debajo del juramento con su propia sangre. Un pacto de sangre se puede disolver difícilmente, porque intervienen las energías anímicas, que una vez puestas en acción siguen funcionando incluso después de la muerte de los firmantes.

En el lenguaje, se usan muchas expresiones alrededor de la sangre, que se refieren a distintos acontecimientos de la vida en general. Suele decirse, por ejemplo, «he sudado sangre», cuando uno expresa su cansancio después de hacer algo, o «es capaz de chupar toda la sangre de tu interior y seguir considerando que no has hecho nada», si uno se refiere a algún tipo de relación que le ha obligado a hacer muchas concesiones.

¿Y quién no conoce, por ejemplo, los milagros de sangre que se han producido con las imágenes religiosas y las historias que se cuentan alrededor de los santos y los mártires que derramaron sangre por el Señor?

El mismo Jesucristo purificó a la Humanidad vertiendo su sangre sobre la cruz. Nos referimos, por supuesto, al rito de la comunión en el que se instauró que el vino rojo representara su sangre, la energía divina, la luz que el hombre absorbe cada día de las fuerzas solares; y si el vino rojo simboliza la energía solar, el blanco lo hace con la lunar.

En algunas personas aparecen estigmas involuntariamente, que de hecho son la representación de solidaridad con Cristo, y suelen ser llagas colocadas en las palmas de las manos de estas personas. Casi todas las pinturas representan la inserción de los clavos en este punto, cuando en realidad fueron clavados en el antebrazo, entre el radio y el cúbito. En las manos no hubiesen podido aguantar el peso del cuerpo. San Francisco de Asís tenía todos los estigmas, con las llagas de las manos, de los pies y también del costado, hasta el punto de que en algunos momentos tenía la túnica manchada de sangre. De tiempos más recientes, tenemos conocimiento de los estigmas del padre Pío de Pietraclina, que los recibió el 20 de septiembre de 1918, a los 31 años de edad, y los llevó hasta la muerte, ocurrida a los 81 años.

Los estigmas son llagas psíquicas somatizadas. El éxtasis y la fe provocan alteraciones en los tejidos, por lo tanto se trata de alteraciones psicosomáticas. No sólo los santos llegan a tenerlas sino también las personas con un estado de hipnosis determinado que provoca la rotura de vasos capilares haciendo salir gotas de sangre.

Muchos ritos mágicos se basan en la fuerza del pensamiento y en estas alteraciones somáticas. Un milagro de este tipo es el de la licuefacción de san Genaro que es un gran acto mágico de sangre. La sangre contenida en las ampollitas colocadas en un relicario es perfectamente sólida, coagulada, de color oscuro, pero al verificarse el milagro se vuelve líquida y de color rojo vivo. Los escépticos han elaborado las teorías más absurdas para buscar una explicación pseudocientífica a la licuefacción de la sangre del santo contenida en las botellitas. Se había pensado en una misteriosa sustancia de color parecido al de la sangre, que a una determinada temperatura debida a las velas encendidas sufría esta metamorfosis. Pero atentos exámenes han revelado que el milagro ocurre a las más diversas temperaturas. La explicación científica no se puede aplicar a hechos paranormales, y menos todavía a los mágicos.

San Genaro es el patrón de Nápoles, y quizá, de entre los santos patronos de todas las ciudades del mundo, es el más considerado. Los fieles se dirigen a él para pedirle gracias de todo género, desde la búsqueda de un lugar de trabajo hasta la victoria en la lucha, desde la curación de una enfermedad al castigo de un familiar o conocido.

Muchos napolitanos tienen su pensamiento religioso dirigido fundamentalmente hacia san Genaro, y no hacia Jesucristo. San Genaro es una verdadera entidad mágica, alimentada por el psiquismo colectivo.

Si aceptamos este milagro, podemos comprender el porqué funcionan los muchos ceremoniales mágicos, en cuanto se trata de verdadera magia. El momento de la licuefacción está a cargo de una emisión muy intensa de pensamientos. Los fieles rezan, y después, en silencio, envían sus pensamientos hacia el santo, hasta que tiene lugar el milagro. En tiempos pasados, cuando la sangre tardaba en licuarse, algunos fieles insultaban al santo con palabras vulgares y provocativas. Si no ocurría el milagro, se enfadaban y la energía emitida era todavía más intensa y tenía más valor.

Para el san Genaro entidad, que no es ciertamente el verdadero san Genaro, obispo de Benevento (decapitado probablemente en el año 305), estas energías psíquicas son un verdadero alimento, y él manifiesta su presencia haciendo licuar la sangre. Estamos a dos pasos de los estigmas, con la sola diferencia de que en el milagro del patrón de Nápoles está presente una energía psíquica colectiva, un éxtasis, una emoción de grupo singular.

Recuerdo aquí que el milagro de la sangre que se licúa no es solamente un hecho aislado en Nápoles, sino que se da en muchas otras localidades italianas y de todo el mundo. El 25 de agosto de cada año se derrama la sangre de san Patricio en la iglesia de San Gregorio Armeno, en Campania, y en Monza la de san Juan Bautista. En otras iglesias está presente la sangre que permanece constantemente líquida, como la de Santiago Mayor en la Basílica de los Santos Apóstoles de Roma. En otras también se verifica el mismo fenómeno: San Pantaleón, San Lorenzo, etc.

Estos extraños hechos no solamente se suceden en lugares sagrados, sino en cualquier otra parte. Son bastante frecuentes las manchas de sangre sobre pañuelos o vestidos, que mantienen su humedad durante muchísimo tiempo.

Es difícil dar por verdaderos los milagros que suceden pero lo que sí se puede afirmar es que hay algún tipo de pensamiento colectivo que hace que sucedan, alguna psique colectiva que provoca que se cumplan todas las metas, todos los hechos que los creyentes esperan que ocurran.

Se ha intentado dar distintas explicaciones a la importancia de la sangre en los ritos mágicos y, parece ser, que la respuesta está en la característica esencial de la sangre que es la de representación o símbolo del alma humana. Por un lado, la víctima es como una carga explosiva, de forma que la energía de los presentes se concentra en ella y se ofrece a la divinidad; además, la sangre hace que haya una fuerte concentración por parte de los presentes puesto que provoca una enorme excitación. En el rito vudú, suele degollarse un animal, un gallo, la mayoría de veces.

Lo que más relaciona la sangre con la magia son las mujeres y, en efecto, muchas muchachas vírgenes son sacrificadas con fines mágicos.

El astro que rige a la mujer es la luna, que regula el ciclo menstrual durante el cual, en muchas tribus, las mujeres están obligadas a aislarse y son consideradas impuras. Para un hombre, está considerado un riesgo que se relacione con una mujer que está en pleno ciclo menstrual puesto que existe la sospecha de que absorbe toda la energía; del mismo modo, tienen prohibido ordeñar vacas o trabajar la tierra puesto que la menstruación es la señal de que no se ha efectuado ninguna fecundación y la sangre es el material de desecho. La mujer es el símbolo de la vida puesto que es el ser con capacidad de procrear, el ser que posee las mejores energías para asumir esta responsabilidad. Por ello, la menstruación está considerada como la renuncia a esta capacidad y por ello es (en términos católicos) sacrílega.

En algunas aldeas, los hechiceros no son tales sino que son hechiceras. Estas son mujeres estériles o menopáusicas puesto que se las considera como las que están en sintonía con las fuerzas del mal; en estas aldeas existe la creencia de que el hombre que mira a una mujer en período de menstruación le ocurrirán desgracias y, no se sabe por qué, es víctima de la mala suerte durante un tiempo. También se dice que la menstruación potencia la enfermedad en los enfermos.

La sangre de la menstruación es la base para muchos filtros amorosos para los cuales se deja secar, de modo que la mayoría de las veces se convierte en sangre negativa. La sangre menstrual significa la caída de las fuerzas lunares, la muerte del útero, la hemorragia en la que son expulsadas las impurezas. Para los actos mágicos se tienen en cuenta los períodos astrales para no equivocar la acción. Si el ciclo lunar tiene 28 días, la mujer está atada a él del mismo modo, de forma que cumple perfectamente con las fases lunares, la ascendente (que culmina en la ovulación) y la descendente (cuya señal más importante es la menstruación).

La mujer es el ser más adecuado para la magia solar y en concreto la mujer estéril es la más poderosa de entre todos los magos puesto que puede trabajar con el bien o con el mal, es perfecta para llevar a cabo encantamientos y sortilegios y hasta en algunas religiones sólo las mujeres toman parte de los ritos mágicos. La sangre más valiosa para cualquier hechizo, si se necesita la sangre de la menstruación, es la sangre del primer período, muy adecuada para actos maléficos.

Las mujeres embarazadas se alejan de la magia y se las obliga a concentrarse en la procreación ya que cobran mucho más poder en este estado y podrían provocar serios problemas.

Cómo protegerse de las fuerzas del mal

Si bien es cierto que existe la magia negra o magia baja, también es cierto que hay posibilidad de protegerse de los efectos que esta puede causar.

En las cosas más cotidianas se puede hallar algún tipo de superstición en lo que se refiere a estas energías, se pueden encontrar señales mágicas que, aunque se hagan pasar por tonterías en muchas ocasiones quizá no lo sean tanto a la hora de la verdad.

En muchas casas se pueden ver búhos colocados de cara a la puerta de entrada, para que den buena suerte a los habitantes de ese hogar y alejar a las malas gentes. Muchos escolares llevan una nuez en la mano a sus pruebas de evaluación pensando que así contestarán bien a las preguntas que les propongan. Y de hecho hay muchas personas que no se sienten seguras si no van acompañados de sus objetos más valiosos en este aspecto y es que ¡quizá no haya tanta superstición como se cree!

En este capítulo no nos centraremos en este tipo de creencias o realidades, según se mire, sino más bien de qué forma puede convertirse la magia en un auténtico utensilio de protección y de bondad.

El bien y el mal en las plantas

Siguiendo en la línea que antes se ha tratado es lógico que se presenten los objetos mágicos más tradicionales. Las plantas han sido, son y serán ingredientes mágicos fundamentales puesto que, entre otras cosas, son el principio fundamental de los seres vivos; sin ellas, sería imposible la respiración y, por lo tanto, sería imposible la vida desde el significado más puro de la palabra.

Para el hombre, el primitivo y el actual, son las principales portadoras de fuerzas cósmicas y esta creencia parece ser que no sólo es una creencia, sino que constituye una de las verdades más importantes de la magia y de la vida en general.

Por ello, la magia antigua y la fitoterapia se basaban en las propiedades vegetales de modo que, por analogía, se curaban distintas zonas del cuerpo humano teniendo en cuenta las formas de las plantas. A cada parte, correspondería una zona distinta del cuerpo con una forma determinada. Por ejemplo, la eufrasia era utilizada antiguamente por la fitoterapia para el tratamiento de las enfermedades de los ojos, porque su forma los recuerda. Después, la medicina se ha dado cuenta de que realmente contiene sustancias para el tratamiento de ciertas enfermedades oculares.

Otra de las explicaciones que se da a la utilización de sustancias naturales en las operaciones mágicas, además de lo que se ha explicado en los párrafos anteriores, es el descubrimiento de que tales sustancias van más allá de la materia, hay algún tipo de teleología que hace que actúen de una forma u otra, a causa de algún tipo de ente inexplicable e imperceptible. Este ente, se sabe hoy, es el de las energías.

En la Edad Media se divulgó la teoría de que existía cierta teleología en el ecosistema (siendo este concepto, el de ecosistema, posterior), que hacía que se produjeran ciertas aglomeraciones de razas de modo que las convivencias interraciales entre animales se llamaron *mentes de raza* y al compartir terreno de distintas especies de plantas se les llamó *mentes de especie*. Pues bien, estas mentes superiores era esa teleología de la que hemos hablado.

En torno a los vegetales hay muchas leyendas populares por lo que algunos de ellos se hallan en una situación muy especial. Nos referimos aquí al caso de la cebolla o del ajo porque si nunca han sido adorados, sí que son muy utilizados dentro de la magia puesto que, según los códigos mágicos, constituyen una enorme fuerza en este aspecto. Por ejemplo, se han considerado, los ajos, unos excelentes protectores contra el ataque de los vampiros. Tal concepción tiene su explicación.

En los animales, sobre todo, el olor de uno u otro provoca reacciones de distintos tipos, desde el cortejo de una hembra, hasta el enfurecimiento entre dos animales que conviven en el mismo medio. En el hombre, tales vegetales son utilizados para llevar a cabo hechizos, de amor o de odio, pero se utilizan y suelen ser efectivos, de ahí su importancia.

El incienso está dentro de este grupo particular de vegetales porque si no ha sido nunca adorado, sí que constituye una parte esencial en los cultos de algunas religiones. El incienso proviene de la resina de unos árboles localizados en África que pertenecen a la especie de las burseráceas. Entre otras propiedades, el incienso tiene dos que son, para cualquier usuario, fundamentales. Por un lado, es un excelente purificador de ambientes, con lo que, con su incineración se aleja del ambiente las malas energías y los malos espíritus, y, por otro lado, facilita la relajación mental y anímica, con lo que invita a la concentración total y abre camino a la llegada del éxtasis místico.

El cristianismo también ha contribuido en su medida a la creencia en estos poderes especiales de algunos vegetales, como el incienso. Los Reyes Magos obsequiaron a Jesús con tres presentes: oro, mirra e incienso, cada uno de ellos tenía su particular simbología, cosa que no es de extrañar teniendo en cuenta que los Reyes eran magos, es decir, conocedores de las fuerzas, virtudes y defectos de la naturaleza. El primero de los presentes, el oro, era el símbolo de la luz espiritual que debía romper con la oscuridad de las tinieblas, a la par que se reconocía al rey de los hombres a través de él. La mirra, el segundo de los presentes, es la representación de la sangre de Cristo, la mirra es un aceite amarillento que, al contacto con el exterior se vuelve rojizo, es el símbolo del alma de la espiritualidad de la vida interior y trascendente, y la única utilidad corpórea que se le reconoce es el embadurnamiento de cadáveres. Y, por último, el incienso. Como ya se ha dicho más arriba, el incienso es protector y purificador, por lo que aleja las fuerzas del mal con bastante facilidad, únicamente con la activación del mismo.

La utilización del incienso es sencilla y al mismo tiempo eficaz. En la puerta principal del lugar y en las ventanas, se colocan siete granos (si lo tenemos en granos), o tres pizcas o un número de bastoncitos que sea siempre impar puesto que indica perfección, a diferencia de los pares que dan a entender espera, algo que está por acabar, por hacer. Para alejar y vencer el ataque de las malas energías, hay que hacerlo siempre con números impares que representan en cualquier caso, lo opuesto.

Tanto el incienso como la mirra son excelentes talismanes de los que hablaremos más tarde.

El día más importante para la magia de las plantas es el 23 de junio, durante la vigilia del día de San Juan. La tradición popular dice que esta noche es la más adecuada para conseguir la totalidad de las propiedades de las plantas. Esta noche es, también, la celebración del solsticio de verano, de modo que la Tierra está mucho más alejada del sol, el cual se halla en su punto más alto con respecto a nuestro planeta, en la constelación de Cáncer.

Durante esta noche, también la noche del amor, se recoge el mayor número de plantas puesto que se dice que están en su máxima plenitud, hecho muy importante para la magia, para la ejecución de los ritos en los que se utilizan estos ingredientes. Los rabdománticos cortan ramas de avellano para hacer, de alguna de ellas, su varita mágica.

Después de la recogida de todas las plantas, al mediodía del 24, se procede a llevar a cabo el rito correspondiente para que cada una de las plantas obtenga su total poder. Se hace un círculo mágico dentro del cual se enciende una hoguera en la que se queman los vegetales recogidos el día anterior, y cada uno de los participantes, coronados con dragontea, ofrecen las hierbas recogidas y recitan sus plegarias. Una de ellas es el himno al solsticio, que se recita al mediodía, para alejar todas las negatividades y proteger a las personas que lo recitan.

«Salve, oh verano,
Salve, oh sol.
El sol brille en lo alto y regocije nuestros corazones.
La naturaleza viva su máximo esplendor.
El helecho expanda su simiente, en representación de toda la Humanidad y del hombre sexuado.
La dragontea florezca al viento, en representación de la naturaleza acogedora y de la mujer madre.
La verbena calentada al sol lleve amores, fraternidad y paz.
El hipérico, símbolo de Juan, ahuyente las vibraciones negativas, purificando el ánimo.
La encina, símbolo solar, se levante majestuosa buscando la luz.
La cándida azucena purifique nuestros corazones.
El fresno, uniendo el cielo con la tierra, esparza rocío sobre nosotros.
El sauce nos dé fuerza para luchar contra el mal.
El mirto difunda al viento el amor espiritual.
El iris se abra en abanico llevando la paz.

El loto, surgiendo del barro, lleve la evolución.
La reseda nos colme de dulzura.
La rosa nos dé amor.
El saúco nos preserve de celos.
El beleño nos dé la sabiduría.
El geranio, el ardor y el vigor de amar.
La cinoenrama nos traiga el saber.
El acanto nos infunda valor.
El álamo, símbolo de la cruz, aleje de nosotros las adversidades.
El trébol nos dirija hacia el Ternario.»

Antes, se danzaba alrededor del fuego y las cenizas de la hoguera eran esparcidas por los campos para hacerlos fértiles, y también se mezclaban en la harina para la panificación, para alejar las enfermedades y el mal de ojo. Los troncos que no eran incinerados se llevaban a las casas de los que habían participado en el rito y, según se dice, se usaban para protegerse de los incendios.

Se dice que durante esta noche, cada planta tiene un poder especial. Algunos ejemplos de ello son los que ahora nos disponemos a explicar.

- Se dice que las esporas del helecho macho sirven para alejar el mal de ojo y para prevenir los posibles hechizos, así como las fuerzas negativas y proporcionan riqueza y felicidad.
- La verbena, o hierba del amor, da seguridad para obtener el amor de la persona amada.
- El hipérico que se utiliza en los exorcismos es el recogido en esta noche.
- El ajo recolectado en el solsticio de verano, colgado del cuello, protege de las tenias.
- Comer tres granos de uva a la mañana del día siguiente hace que no se tenga dolor de muelas.
- Mojarse con el rocío de esa noche, mantiene la piel sana.

- Frotar perejil mojado en ese rocío procura el mantenimiento de espesa cabellera.

De todas ellas la más importante es el helecho que tiene propiedades muy importantes. El helecho es el símbolo del hombre por su antigüedad (250 millones de años, los primeros y los únicos vegetales del planeta). También, por otro lado, tiene la propiedad de impulsar la procreación por su sistema de reproducción por gametos: al caer al suelo una espora masculina, encuentra una femenina y la fecunda. Con el helecho, como se ha dicho, se aleja el mal, a lo que hay que añadir que da la información necesaria para saber si hay que protegerse o no (si al sumergir una hoja de helecho en un recipiente lleno de agua, esta se marchita en poco tiempo, hay negatividad). Protege al hombre por naturaleza y por la representación que tiene en el reino vegetal del que es el rey de los reyes (como Júpiter), su signo zodiacal es Acuario, que es el signo de la renovación futura.

También hay plantas para provocar el mal, que generalmente son aquellas que contienen sustancias tóxicas y que son malolientes.

Entre las plantas más peligrosas está el acónito con el que las brujas de las épocas pasadas fabricaban un ungüento que les hacía cobrar la sensación de estar volando, a causa de las sustancias táctiles de la planta.

El hachís y el opio, consumidos en muchas culturas, también en la nuestra, provocan una felicidad ilusoria, inexistente.

En la Edad Media, se fabricaban miles de pomadas con sustancias tóxicas que eran extendidas, generalmente, en mucosas. Las plantas usadas en estas operaciones eran la mandrágora, la belladona, el estramonio y el beleño que, con sus componentes tóxicos (alcaloides), belñina, atropina y escopolamina, respectivamente, causan serios efectos posteriores como son los delirios, las convulsiones, las alucinaciones, borracheras, excitación y mucha vivacidad.

Otro de los factores que hay que tener en cuenta con estas plantas es que pueden provocar alucinaciones a través de los humos que desprenden en sus incineraciones.

Cuando se utilizan estas plantas en algún hechizo, el hechizo, por su naturaleza maléfica, recurre a la negatividad de estas plantas para dañar a la víctima. Las plantas que suelen utilizarse en este tipo de hechizo suelen ser las setas venenosas y la cicuta o el cólchico.

Entre las plantas que ayudan al mal, también están las más populares. Nombraremos a tres: el serpol, el nogal y el olmo.

- El serpol, según la tradición popular, está considerado como una planta fúnebre puesto que se tiraba en la fosa de un entierro, concretamente en el entierro de personas asesinadas.
- El nogal está considerado una planta negativa porque brujos y brujas están a gusto en él y con él por lo que es peligroso dormirse bajo sus ramas ya que se pueden asumir todas las malas energías que hayan podido transmitir los magos.
- El olmo tiene mala fama porque, antaño se construían los ataúdes de su madera. Además, se dice que este árbol odia a los hombres y hay que tener en cuenta que las varitas de los hechizos a muerte están hechas de su madera.

A pesar de la existencia de estas plantas nocivas para el hombre hay que saber que, en sus tiempos, las plantas fueron las mejores aliadas del hombre hasta llegar a ser adoradas, de este modo nacieron mitos y leyendas sobre ellas.

Sea como sea, el hombre siempre está entre el bien y el mal, y la magia siempre seguirá siendo magia.

El bien y el mal en los animales

El hombre tiene en su interior una especie de depósito de gran tamaño, el subconsciente colectivo, en el que están encerradas todas las experiencias de la Humanidad, desde los hombres primitivos hasta nosotros.

El arte de la magia permite que el operador penetre dentro de sí mismo, primero en su subconsciente, después en el colectivo, para seguir informaciones y fuerzas presentes desde el principio de la Humanidad.

Podríamos decir que el subconsciente colectivo es como una inmensa biblioteca que cada uno lleva en su interior, en la que cada volumen representa la historia, la vida, los pensamientos de los demás hombres, tanto los presentes como los pasados. Por tanto, cada uno posee a todos los demás.

Descubrir el acceso a este inmenso conocimiento quiere decir ser mago, Quien lo es no necesita rituales ni simulacros, pues todo está dentro de él, y su pensamiento, su palabra, puede destruir o crear.

Grandes religiones se basan en el uso de este inmenso depósito de conocimientos, que algunos erróneamente han definido como Dios, pero del que Dios es sólo una parte, aunque importante.

Al igual que se habla de inconsciente colectivo para el hombre (Carl G. Jung. 1875-1961), se puede decir lo mismo de los animales. En este caso, se denomina «mente de raza» o memoria colectiva (Maeterlinck).

Según esta teoría (que yo denominaría conocimiento), todos los animales pertenecientes a la misma especie forman parte de un ser colectivo que los comprende. Este ser energético posee las características propias de la «mente de raza», que en la Edad Media era denominada aglomeración.

Todas las civilizaciones antiguas, y de un modo especial la egipcia, creían en la mente de raza de los animales, y utilizaban en su propio provecho este conocimiento.

Actualmente también la ciencia ha admitido la vida de grupo. El rebaño de animales es visto como una única entidad, en la que cada uno tiene una determinada tarea a realizar, con el fin de que toda la comunidad pueda sobrevivir.

En el fondo, es esto lo que sucede en nuestro organismo. Cada célula tiene una especialización bien precisa, una tarea determinada, y la unión de todas crea nuestras partes física y psíquica.

La máxima expresión de este psiquismo múltiple la tenemos en los insectos. La abeja o la hormiga no son más que una célula del ser completo, denominado colmena u hormiguero.

Un termitero recuerda en su comportamiento organizativo a un cuerpo animal de especie superior. En él existen individuos con atributos morfológicamente distintos entre sí, como ocurre con las células de nuestro cuerpo.

Un termitero está formado por millones de individuos divididos en castas: obreras y soldados, fértiles y estériles.

Cada casta tiene un papel preciso a desarrollar, que acepta desde el nacimiento, siendo dirigida morfológicamente.

Cada casta es como un órgano o una función de un único cuerpo, que es el termitero, y cada individuo es como una célula, que realiza su tarea de un modo perfecto. De esta manera queda asegurada la vida, tanto de la unidad como del complejo.

Del mismo modo, todos los perros, los caballos, etc., del mundo no son más que un ser único, y las distintas razas se convierten en las entidades psíquicas que se derivan de la mente principal.

Con respecto a la «mente de raza», existe una transmisión de conocimientos, que no son sólo genéticos (cromosómicos), sino también de una especie de energía que actualmente no tiene nombre, ya que se desconoce a nivel científico.

Cuando muere un perro, solamente muere una célula de un ser mucho más grande, que es el verdadero y único perro existente sobre la Tierra.

El animal, por otra parte, posee el ánima (la palabra animal deriva de ánima) y todas las religiones están de acuerdo en ello. Es un ser psíquico que piensa y es consciente, pero a diferencia del hombre, no es autoconsciente. Los animales, lo mismo que las plantas, los minerales y el hombre, forman parte de una energía colectiva que es el alma del planeta Tierra.

La Tierra es un ser que piensa, y cada especie animal refleja una idea del espíritu divino. Cada «mente de raza» tiene su particularidad. El perro es fiel, el gato traidor, la oveja humilde, el conejo temeroso, el león agresivo, etc.

Estas propiedades, características de cada «mente de raza», son las propiedades inferiores de un reflejo superior.

Podríamos decir que los animales son una parte de la Humanidad que ha quedado atrás en los distintos pasos evolutivos. Cada «mente de raza» de un animal es por analogía un defecto nuestro, algo que el hombre posee en su subconsciente instintivo.

Cuando este emerge con toda su fuerza, el hombre se comporta como un animal. El instinto de supervivencia y el instinto sexual toman la delantera. El ser humano debe domar estas fuerzas y someterlas, del mismo modo que se comporta con los animales. Si todos los pájaros o todos los perros se volviesen contra el hombre, este se vería trastornado.

Los animales sólo matan para alimentarse, pero no odian, no declaran la guerra a sus iguales.

En ellos están presentes virtudes y defectos, actividad y pasividad, propiedades que existen en la Creación y que están esparcidas en la materia. Así, esta se convierte en el espejo de energías superiores.

Cada «mente de raza», cada especie, es influida por los cuerpos celestes, y sobre todo por los siete planetas principales.

La magia de analogía o correspondencia se basa en estos mutuos pasos. De este modo, cada elemento (el mineral, el vegetal, el animal y el humano) posee virtudes y defectos que son la imprenta de un carácter superior, las ideas de una inteligencia más elevada que en el plano anímico se convierten en las mentes de raza o especie. La materia está a la sombra de estas ideas, del mismo modo que el animal, en su representación física, es sólo la sombra de la idea materializada de la «mente de raza» Esta última es la idea de la inteligencia, la cual es una de las muchas emanaciones divinas.

Sobra = materia	Idea = alma	Inteligencia = emanación

Cada forma es el reflejo de una superior, y el animal posee el alma pero no el espíritu, o al menos no un espíritu solo, únicamente el hombre puede decirse a sí mismo: Yo existo. El animal existe pero no lo sabe, aunque, al igual que el hombre, sufre, disfruta y tiene atracción o repulsión hacia los demás, cuando está sometido a estados psíquicos altamente emocionales.

Por ley jerárquica, el hombre puede utilizar al animal, pero este no se puede servir del hombre.

El ser humano puede usar no sólo la parte material del animal, sino también su alma. He aquí los sacrificios, los holocaustos de animales en honor de la divinidad.

Esta vive de energías anímicas, y aun cuando prefiere el alma del hombre, no desdeña la de un animal, especialmente cuando ha sido preparado exprofeso para el acto oficiatorio.

Así como se puede hacer el horóscopo de una persona, también se puede hacer el de un animal, una planta y un acontecimiento.

Todo cuanto sucede en nuestro planeta está influido por los astros, y preciso: influido, no predestinado. Cada «mente de raza» vive en una cierta frecuencia, y esta frecuencia está en correspondencia con las vibraciones planetarias y zodiacales. Cada constelación posee un carácter propio, que imprime su cualidad en algunas «mentes de raza».

Por este motivo, existen animales característicos de cada signo zodiacal, que entran en sintonía y vibración con el signo al que pertenecen. Estos animales pueden enviar a las personas de su signo las influencias benéficas y positivas que les son propias. La teoría es muy antigua, se pierde en la noche de los tiempos.

A continuación, exponemos la relación de los signos zodiacales y los animales correspondientes:

- Aries = gato negro, lobo, gallo.
- Tauro = toro, foca, perro.
- Géminis = conejo, mono, papagayo.
- Cáncer = cisne, gato, peces en general.
- Leo = león, águila, ardilla.
- Virgo = perro, golondrina, mono.
- Libra = tórtola, gato, ruiseñor.
- Escorpio = tigre, solla, gavilán.
- Sagitario = caballo, pavo real, tortuga.
- Capricornio = cocodrilo, sepia, pájaros en general.
- Acuario = lechuza, cuervo, papagayo.
- Piscis = elefante, delfín, cotorra.

Un talismán en forma del animal del propio signo cataliza sobre la persona que lo lleva las energías positivas de la «mente de raza». A ser posible, es también aconsejable tener en casa al propio animal zodiacal, dándole todos los cuidados necesarios, pues de otro modo en lugar de las energías positivas se atraen las negativas. En caso de enfermedad, se puede sanar dibujando los propios animales zodiacales, primordialmente aquel hacia el que sentimos mayor simpatía y atracción.

En la magia popular, y como tratamiento, se utiliza mucho la transferencia. Con el ritual adecuado, la enfermedad pasa hacia el animal, con lo que la respiración se convierte en acción mágica.

Los animales más utilizados para esta transferencia son el toro, la cabra y el gallo. El macho cabrío expiatorio de la Biblia tenía este mismo significado.

Los animales son compañeros en nuestro viaje por el planeta, y el hombre puede utilizar todas sus energías positivas, y si lo desea también las negativas.

Existe un estrecho lazo entre los planetas y los animales, hasta el punto de que algunos de ellos representan el propio carácter del planeta correspondiente.

Sol. Animales valerosos: el león (rey de los animales), el cocodrilo y el lince. Entre los pájaros: el ave fénix, el águila, el cisne y el gavilán. Entre los insectos: el escarabajo, la luciérnaga y la araña.

Luna. Animales que viven en la oscuridad y marcan las fases lunares: el lobo, el gato, la hiena, el oso, el murciélago, el camaleón, la pantera rosa y el caracol. Entre los pájaros: la oca y el ánade. Entre los insectos: la abeja y la avispa. Entre los peces: la ostra y el cangrejo.

Júpiter. Animales mansos y dóciles: el toro, el ciervo, la oveja, el faisán, la cigüeña y el delfín.

Marte. Animales belicosos, valientes: el caballo, el leopardo, el halcón, el buitre y el lucio.

Venus. Animales lujuriosos: el gato y el ternero. Entre los pájaros: el pelícano y la paloma.

Mercurio. Animales astutos: el zorro, la comadreja, el mono y el gallo. Entre los pájaros: el jilguero, el ruiseñor y el papagayo.

Ya hemos indicado que en los animales están presentes el bien y el mal, y que el hombre puede utilizar indiferentemente estas energías.

Todos los animales que viven de noche han sido considerados negativos, y lo mismo ocurre con aquellos que no son agradables a la vista o con los de color negro, por ser este el color de la noche y del demonio.

Así, el caballo negro es el símbolo de la muerte, y representa las tinieblas. El gato ha sido considerado durante mucho tiempo como animal demoníaco, especialmente el negro. Durante la Edad Media, estaba prohibido criar gatos negros.

Estos eran torturados, de modo que por su maullido se pudiese conocer la verdad sobre algunos delitos, siendo emparedados vivos en los cimientos de las iglesias, ya que se pensaba que de este modo se encerraba al diablo. En la magia negra se utilizaba el gato para evocar al demonio, para confeccionar filtros amorosos y para realizar hechizos de muerte. Todavía en la actualidad muchas personas tienen miedo si un gato negro se cruza en su camino.

Hoy, este espléndido animal ha sido revalorizado, y tener uno en casa es índice de suerte y protección.

Se suele decir que un gato en el hogar preserva de los incendios, de los rayos y de las desgracias.

El gato es un animal de las siete vidas, siempre cae de pie, cuando duerme recuerda la serpiente que se muerde la cola, y las pupilas que se estrechan y se dilatan representan la Luna y sus fases.

En el gato se encuentran presentes los principales caracteres de los siete planetas; la desconfianza de Saturno, la vitalidad de Júpiter, la sensualidad de Venus, la agresividad de Marte, la astucia de Mercurio y la libertad y la inteligencia del Sol.

El gato ve los fantasmas y las personas difuntas, pues posee vista etérea. Este es el motivo por el que no es aconsejable tener un gato en la habitación de un difunto. El animal, viendo el cuerpo esotérico de la persona muerta, pasear por la habitación, puede mutilar el cadáver. El gato es el único animal que se nutre de negatividad y, por lo tanto, el tenerlo en casa quiere decir preservarse del mal de ojo y de los hechizos. Absorbe todo lo que haya en el ambiente de negativo, desde el simple nerviosismo hasta las formas-pensamiento negativas.

Cuando nos encontramos cansados, nerviosos, ansiosos, el gato va espontáneamente a nuestros brazos, para absorber la energía negativa que constituye su alimento.

Con frecuencia, después de una sesión de espiritismo, el gato se acurruca en el centro de la mesa para absorber las permanencias psíquicas.

En el mundo oculto, esta cualidad es conocida y aprovechada ventajosamente. Los cartomanes, los médiums y todos cuantos operan con la magia negra se rodean de varios gatos (normalmente tres), preferiblemente de color negro, por ser los que absorben la negatividad con mayor fuerza. De este modo, se preservan los ataques psíquicos y de retornos.

El tener un gato en casa no sólo quiere decir tener un compañero, sino también un valioso curandero, aparte de estar protegidos del mal de ojo. El gato de tres colores protege la casa de los incendios, y el negro protege también el jardín. El que trae más suerte es el que tiene las garras dobles.

El sapo es el animal predilecto de la magia negra, y se cuenta que nació de la baba del perro infernal cancerbero. En las ceremonias negras se vaciaban sapos, las mujeres los alimentaban con sus senos y eran bautizados con orina. El sapo es el animal más utilizado en los hechizos, siéndole inferidas atroces torturas. Todo ello es debido a su aspecto horripilante, y al hecho de que es un animal nocturno que, para defenderse, esparce una sustancia venenosa contenida en la piel. En cambio, es un útil amigo del campesino, porque se alimenta de los parásitos, como los gusanos y los caracoles, consumiendo un elevadísimo número de ellos. A falta de comida, puede ayunar durante varios meses. El sapo es considerado en la alquimia como un animal positivo, representando el poder terrestre, oscuro pero fértil, de la materia alquímica.

Otros animales que se utilizan para el mal son el polluelo negro nacido el Viernes Santo (para los hechizos), el gallo negro (para evocar al diablo), el lagarto de doble cola (para los hechizos), el macho cabrío (para las ceremonias negras), el búho, la lechuza, el cuervo, el ratón, etc.

De la rana se emplean los huesos, de la lechuza y el búho el pico, del murciélago las alas y las garras, de la cabra los pelos de la barba, del gato, el perro y el palomo, el corazón.

Para los hechizos de amor, el más famoso de todos los ingredientes es el *hipómano* (locura de los caballos), es decir, una excrecencia carnosa, negra, del tamaño de una nuez, que algunos potros tienen sobre la frente. Convertida en polvo, es utilizada para filtros amorosos.

El período más fértil de la magia negra y del uso de los animales con ella relacionados sigue siendo, sin embargo, la Edad Media. En tiempos de la Inquisición, se mataba a los sospechosos de venerar a los gatos. Los perros rabiosos sufrían pequeñas mutilaciones, que se les realizaban según el número de las personas a las que habían mordido. Los toros eran ahogados, y los caballos quemados vivos. En cuanto a los insectos, sobre los que era difícil de actuar, eran maldecidos, lanzándose anatemas sobre toda la especie.

El hombre, al querer siempre definir el bien y el mal, ha clasificado también a los animales y, naturalmente, la división más sencilla de realizar es la que consiste en considerar negativos a los nocturnos, a los de color oscuro y a los feos.

De este modo, ha denominado con el nombre de animales maléficos nada menos que a su propia parte negativa proyectada al exterior. Cada vez que un hombre hace padecer a un animal, pagará personalmente; y cuando el padecimiento sea debido a la contaminación, pagará colectivamente.

El animal no es ni bueno ni malo, es un ser con unas particularidades precisas que el hombre ha dejado atrás en su camino evolutivo. Recordemos, sin embargo, que entre un hombre no evolucionado y un animal la diferencia es mínima, y que este último, al no contener al ser espiritual, no tiene deberes, mientras que el hombre debe asumir todas las responsabilidades de su posición jerárquica.

Lo que nos rodea no es ni bueno ni malo; es el hombre siempre quien lo convierte en una u otra cosa.

La protección hacia los hechizos y el mal de ojo

Cómo protegerse con la fuerza del pensamiento.

El pensamiento es una energía real. Todo lo que pensamos existe verdaderamente en un plano más sutil que el físico, el plano de los pensamientos, de la psique.

Cuando somos atacados por fuerzas externas psíquicas, estas se colocan en el plano del pensamiento; por tanto, nuestra defensa debe producirse por medio de la utilización de la mente.

Si examinamos la gravidez histérica, podemos darnos cuenta de que el pensamiento crea. La convicción o el deseo de una maternidad suscitan los síntomas de una verdadera gravidez, incluido el engrosamiento del vientre.

Los ejercicios que se explican a continuación sirven para levantar barreras psíquicas, que defienden de las fuerzas negativas.

Se realizarán cuantas veces sea necesario; pero antes de iniciar las visualizaciones mentales, es necesario alcanzar un estado de profunda relajación, teniendo en cuenta todos los consejos ya indicados.

El anillo rodante

De pie, cerrad los ojos y respirad profundamente. Después, visualizad un círculo de un color plateado luminoso, de aproximadamente 1 m de diámetro. Imaginároslo encima, un poco por arriba de vuestras cabezas, este círculo comienza a girar en el sentido de las agujas del reloj, y lentamente desciende hacia nosotros. Vuestro cuerpo está dentro de este anillo, que continúa girando y descendiendo hacia el suelo.

Al llegar, empieza a subir de nuevo, y aparte de girar siempre en el sentido de las agujas del reloj, también realiza oscilaciones.

Continúa subiendo, se detiene un momento junto a vuestras cabezas, y desciende otra vez. Cuando alcanza la altura del ombligo se detiene. Continúa girando, oscilando, en la misma posición durante algunos minutos.

En este punto os sentís completamente relajados y protegidos por el anillo luminoso, que, girando a vuestro alrededor, ha construido una barrera insalvable para todas las energías que os puedan molestar. El anillo está hecho con vuestra fuerza, y os puede proteger de cualquier ataque externo. Cuando lo consideréis oportuno, haced algunas respiraciones profundas, y abrid suavemente los ojos pensando todavía en vuestro anillo protector, que durante muchas horas os rodeará protegiéndoos.

La espada de poder

Pensad que empuñáis una gran espada, con una larga hoja y una gruesa empuñadura. La asís con fuerza, manteniéndola bien alta y haciendo que la hoja destelle con la luz. Mientras la movéis, se producen destellos, y la espada parece hecha de luz.

Cuando la imagen sea bien nítida, imaginad que cortáis el aire a vuestro alrededor, pensando mentalmente en truncar todas las energías negativas, que os pueden aprisionar como los tentáculos de un pulpo.

Imaginaos que cortáis todos los tentáculos, e imaginad a vuestro alrededor una nube azul que os infunde serenidad y paz.

De este modo, habréis alejado todo ataque, habréis cortado toda forma de pensamiento negativo que pudiese instalarse cerca de vosotros.

El círculo de llamas

Imaginad que colocáis a vuestro alrededor palitos de madera formando un círculo de aproximadamente cuatro metros de diámetro. Mirad bien el círculo construido mentalmente con la madera, del cual vosotros sois el centro. Entonces, imaginad que encendéis los palitos situados frente a vosotros, el fuego se extenderá en el sentido de las agujas del reloj hasta alcanzar el punto inicial.

De este modo, os encontráis completamente rodeados por un círculo de llamas, cuyas lenguas de fuego tan sólo alcanzan unos pocos centímetros de altura. El fuego no sólo aleja a los animales, sino también a todas las bajas entidades y a los espíritus malignos.

Imaginad que extendéis vuestro cuerpo hasta el límite de las llamas, y os sentiréis completamente protegidos por vuestro círculo, que ardientemente habrá eliminado todas las negatividades que pudieran estar entonces a vuestro alrededor.

La rotura

Esta técnica mental se puede utilizar cuantas veces se advierta una presencia misteriosa que os moleste.

Después de relajaros muy profundamente, concentraos al máximo en esta presencia desagradable. Imaginad que todavía la notáis más, y que la veis de un modo distinto. Después, de golpe, imaginad que la rompéis con mucho ímpetu, la despedazáis de inmediato, la dividís en muchos pedazos, que son a su vez fragmentados, hasta que se produce la completa desintegración.

Esta técnica se puede utilizar contra las formas de pensamiento creadas por nosotros mismos.

Cada energía que se subdivide pierde gran cantidad de poder y, por tanto, pasará mucho tiempo antes de que se vuelva a componer, siempre que ello sea posible.

Los amuletos

Desde los tiempos más remotos, el hombre ha buscado la protección en algo superior, ha buscado ayuda fuera y dentro de él mismo, y muchas veces la ha encontrado en la propia naturaleza.

Mirando a su alrededor, descubrió algunos objetos, algunas plantas, algunos vegetales, algunas piedras, que representaban o encerraban algo superior, algo divino. Entonces, pensó utilizar estas energías en su propio provecho.

Probablemente, de este modo nacieron los primeros amuletos, los primeros talismanes, hasta alcanzar, de evolución en evolución, los pentáculos.

El amuleto es el portafortuna más sencillo, más corriente, y seguramente fue el primero en nacer, en tiempos antiguos.

El amuleto es protector pasivo, capaz de anular las pequeñas vibraciones maléficas a las que normalmente se está expuesto.

Algunas veces, se trata de plaquitas de metal con imágenes de antiguas divinidades o de santos. Otras, son partes de animales, como cuernos, garras, dientes, uñas, etc.

También existen amuletos vegetales, hechos de plantas que tienen facultades mágicas, y en este caso, se utilizan pedazos de corteza, hojas o flores.

Normalmente, las partes de animales y vegetales se meten dentro de saquitos y se llevan en contacto con la piel. En el pasado, era costumbre esconder algunos amuletos dentro de los bastones de paseo.

En el amuleto se condensan las energías ligadas a lo que representa.

Si tiene forma de animal o una parte de animal, naturalmente encierra todas las energías relacionadas con él.

De este modo, si una persona necesita valor, puede llevar un amuleto de león (un diente, algunos pelos, etc.). Son muchísimos los amuletos en forma de animales. El del hipopótamo da amplia cultura y profunda agudeza. El de zorro, habilidad y fortuna en los negocios. El de toro, suerte a quien realiza tareas pesadas. El de tortuga asegura la larga vida, protege de las enfermedades y de la brujería, y lleva la paz a los enemigos.

Cuando el amuleto toma la forma de un cuervo, proporciona una memoria de hierro y mucha fuerza, tanto física como psíquica. Si es una cabeza de serpiente, protege de todas las enfermedades. En forma de escarabajo, da salud y protege de los peligros. En forma de rana, propicia el amor y la amistad. En forma de escarabajo, da salud y protege de los peligros. En forma de murciélago es auspicio de larga vida. La garra del águila puede hacer poderoso al hombre. Los bigotes (pelos de narices) de la tigresa son amuletos muy fuertes. El diente del tejón es eficaz para los jugadores. Un amuleto en forma de grulla es de buen augurio, ya que asegura una vida larga y sana.

Se puede apreciar muy bien la analogía existente entre el significado del amuleto y la característica predominante del animal.

Llevando una parte de un animal determinado, se pueden tomar sus características, su fuerza. He aquí el motivo por el cual el amuleto siempre sirve de ayuda, siendo probablemente el primer portafortuna que el hombre utilizó.

Naturalmente, existen amuletos de todo tipo.

Los amuletos en forma de espejo son utilizados todavía porque tienen el poder de alejar a los demonios. En efecto, se dice que llevando encima algo que brille, y por tanto incluso un cristal, el demonio se ve reflejado en él y huye asustado.

También es un amuleto el famoso cuerno que muchos automovilistas llevan colgado de los espejos retrovisores. El cuerno es el símbolo de Diana, la diosa de la caza, y está también relacionado con nuestro satélite, puesto que su forma recuerda la media luna.

También se dice que un amuleto en forma de cuerno protege a los niños y a las mujeres embarazadas, siendo al mismo tiempo un símbolo de virilidad.

Diferentes amuletos también importantes son: el ojo, puesto que recuerda el símbolo del Sol; el trébol de cuatro hojas, que representa la Cruz; la espiga granada, o mejor aún siete espigas granadas, que representa la prosperidad y la fecundidad; y la espina de una rosa, que se lleva en la cartera para alejar el mal.

Estas pueden parecer cosas fútiles, pero si miráis cuidadosamente en los automóviles, encontraréis un poco de todo, desde rosarios a crucifijos, desde imágenes sagradas a cuernos.

Los talismanes

En orden de importancia, después del amuleto podemos colocar el talismán.

Está ligado a la naturaleza, pero al mismo tiempo es algo más, una protección mayor.

El talismán es personal. Muchas veces está relacionado con el nombre de la persona a la que pertenece, y con mayor frecuencia tiene las características de su signo del Zodíaco.

En tiempos antiguos, se grababa en el talismán el nombre secreto de la persona a la que estaba destinado, usualmente en forma de símbolo, de modo que sólo el propietario pudiese comprenderlo.

El nombre secreto es un sonido, una vibración, una frecuencia personal del individuo al que pertenece. Por este motivo, el conocer el nombre secreto de una persona quiere decir conocerla.

En Egipto tan sólo el Faraón, que era adorado como un dios, osaba escribir su nombre completo.

El talismán también puede ser el pendiente, la pulsera, la cadenita, en definitiva, cualquier cosa que generalmente se lleve encima.

El más común, y acaso el más famoso, es el talismán astrológico. Tiene la forma de los distintos símbolos del Zodíaco.

Cada signo del Zodíaco tiene unas características muy precisas, un símbolo, un animal, un perfume, etc., y el talismán encierra en sí las energías propias del signo.

ARIES

Números: 1 y 6. Metal: hierro. Color: rojo vivo. Animal: gato negro, Flor: lavanda. Perfumes mágicos: ajenjo, albahaca y pimienta.

TAURO

Números: 2 y 9. Metal: cobre. Color: verde oscuro. Animal:

perro. Flor: rosa amarilla. Perfumes mágicos: melisa, jengibre y rosa.

Géminis

Números: 3 y 5. Metal: plata. Color: marrón. Animal: conejo. Flor: orégano. Perfumes mágicos: vainilla, acacia y menta.

Cáncer

Números: 4 y 7. Metal: plata. Color: blanco. Animal: pez. Flor: lila. Perfumes mágicos: sándalo, tilo y ámbar.

Leo

Números: 5 y 7. Metal: oro. Animal: ardilla. Flor: girasol. Perfumes mágicos: angélica, bálsamo, incienso y ciclamen.

Virgo

Números: 5, 6 y 7. Metal: mercurio. Color: multicolor. Animal: mono. Flor: jacobo. Perfumes mágicos: gardenia, acacia y milenrama.

Libra

Número: 7. Metal: cobre. Color: verde agua. Animal: gato. Flor: verbena. Perfumes mágicos: gladiolo y musgo.

Escorpio

Número: 8 y 9. Metal: hierro. Color: bermellón. Animal: oveja. Flor: brezo. Perfumes mágicos: nardo, retama y cedrina.

Sagitario

Números: 3 y 9. Metal: estaño. Color: celeste. Animal: tortuga. Flor: violeta. Perfumes mágicos: amaranto fresia y calicanto.

Capricornio

Números: 8 y 10. Metal: plomo. Colores: marrón y gris. Animal: pájaros en general. Flor: madreselva. Perfumes mágicos: narciso, jacinto doble y mastranzo.

Acuario

Números: 4 y 11. Metal: plomo. Colores: azul y gris. Animal: papagayo. Flor: helecho. Perfumes mágicos: dragontea y muguete.

Piscis

Números: 5 y 12. Metal: oro blanco. Color: azul marino. Animal: cotorra. Flor: glicina. Perfumes mágicos: jazmín, peonía y zagara.

Una antigua leyenda china nos dice que cada alma humana está enlazada a una estrella del cielo por medio de un rayo de oro. Así nació lo que en la China antigua era llamado el «talismán de la estrella personal». Se elegía una estrella y se dibujaba en un pequeño mapa estelar que comprendía el astro elegido y los vecinos. Este mapa se convertía en un talismán.

También relacionados con la astrología están los talismanes de piedras preciosas. A cada signo le corresponde una piedra, y cada piedra posee determinadas energías:

- Aries = rubí, amatista.
- Tauro = zafiro, circón.
- Géminis = ágata, aguamarina.
- Cáncer = perla, esmeralda.

- Leo = brillante, topacio.
- Virgo = jade, coralina.
- Libra = diamante, lapislázuli.
- Escorpio = rubí, topacio.
- Sagitario = turquesa, granate.
- Capricornio = ónice, crisolita.
- Acuario = granate, zafiro.
- Piscis = coral, aguamarina.

Las piedras preciosas se han cargado de energía durante millones de años, y su vida está en el pasado; son un soplo de eternidad.

Cada piedra tiene propiedades particulares:

Amatista

Es de color violeta. Sirve contra las neuralgias, para fortalecer la memoria y contra el daltonismo. Proporciona buen juicio, quita la costumbre de la embriaguez y lleva fortuna en el amor.

Topacio

Sus tonalidades van desde el blanco al azul, rosa y amarillo. El más curativo es el rosa, que refuerza el sistema nervioso, ayuda a vencer los complejos y atrae simpatía.

Turquesa

Denominada por los árabes la piedra de la salud, era llevada como talismán sobre su frente. Protege del mal de ojo y de los espíritus malignos.

Jaspe

Protege la vista, cura el aparato digestivo y preserva de contagio y de los venenos.

Rubí

Preserva de los contagios, cura las depresiones, sirve para el dolor de muelas y mantiene la salud.

Zafiro

Sobre la frente, detiene las hemorragias, calma las inflamaciones, cicatriza las heridas, preserva del dolor de cabeza y de la neurosis, y ayuda a tener suerte.

Esmeralda

Símbolo de la armonía y de la amistad, de la sinceridad y de la fidelidad, protege del mal de ojo, de la epilepsia y de las inflamaciones de los ojos, fortifica la vista y trae suerte. Refuerza la memoria.

Diamante

Salvaguarda de los enemigos, aleja los peligros de las mujeres embarazadas.

Granate

Conserva la salud y protege en los viajes.

Coral

Da prudencia y buen criterio, preserva de las epidemias, ayuda a que los niños crezcan solos y protege de los accidentes en el mar.

Ámbar gris

Refuerza el corazón y el cerebro.

JADE

Cura las enfermedades de los ojos, del riñón y del estómago.

Un talismán muy corriente es la herradura de caballo, pero para que sea eficaz debe ser encontrada, y no comprada o dada.

Su forma representa la Luna, y el metal de que está hecho tiene la propiedad de alejar a los demonios. El caballo es símbolo de inteligencia, y si unimos esto a las propiedades del hierro y al símbolo de la Luna, se obtiene un talismán verdaderamente poderoso.

El talismán funciona porque encierra numerosas informaciones del macrocosmos, del planeta, el metal, la constelación y el animal correspondientes. Entra en sintonía con fuerzas superiores, que no son otra cosa que las fuerzas de la naturaleza. Consigue atraer hacia sí, y, por tanto, hacia la persona que lo lleva, los influjos benéficos.

Recordemos además que, según la tradición esotérica, para la ley de las analogías que regula todo el Universo, a cada planeta le corresponde un día, un color, una piedra preciosa, un metal, etc.

DOMINGO

Diamante sobre anillo de oro-Sol-amarillo.

LUNES

Cristal, perla u ópalo sobre anillo de plata-Luna-blanco.

MARTES

Rubí o hematites sobre anillo de hierro-Marte-rojo.

MIERCOLES

Jaspe rosa sobre anillo de plata y oro-Mercurio-gris perla.

Jueves

Zafiro sobre anillo de estaño-Júpiter-azul.

Viernes

Esmeralda o coral rojo sobre anillo de cobre-Venus-verde.

Sábado

Turquesa u ónice negro sobre anillo de plomo-Saturno-negro.

Los dedos de la mano corresponden a cinco planetas:

— meñique = Mercurio;
— anular = Sol;
— medio = Saturno;
— índice = Júpiter;
— pulgar = Venus.

Hasta aquí tratamos lo que se refiere a protección frente a los hechizos, aunque hay muchos más sistemas y distintos puntos de vista para hacerlo.

Magia y hombre: el problema moral del acto mágico

Cuando el oficiante se dispone a realizar un acto mágico, valiéndose de la potencialidad mágica, aparece inevitablemente el problema ético.

En este sentido, es fundamental preguntarse, en primer lugar, si la actividad que nos proponemos realizar tiene o no un carácter lícito; es decir, queremos afirmar que cada cual es dueño de su propia existencia, dentro de los límites concedidos por el destino, y debemos, por lo tanto, preguntarnos si es justo y correcto entrometerse en ella, aunque sea con una finalidad positiva.

Una vez más la moderación y el equilibrio, como ocurre siempre en los acontecimientos humanos, sugieren una respuesta realmente válida. Cuando estos problemas se refieren a la magia amorosa, es más factible comprender mejor lo que queremos decir tomando algunos ejemplos.

Si de hecho puede ser tolerable en determinadas situaciones el empleo de estos procedimientos para vencer un desdén ocasionado únicamente por la timidez, o bien para conceder más decisión a un cortejador poco decidido no se puede afirmar lo mismo de una acción mágica destinada a cambiar totalmente la personalidad de un individuo, forzándolo y desviándolo a sentir un sentimiento que no siente, o peor aún, separándolo de una situación feliz que estaba viviendo, con la intención egoísta de poseerlo.

En consecuencia, se podrían considerar lícitas estas prácticas en el caso de que haya una cierta propensión —aunque no se encuentre manifiesta—, en las relaciones de quien opera, un «ayudad que el cielo ayuda», de sana y proverbial memoria. De todas formas, aunque se respeten estas condiciones, es necesario también reflexionar mínimamente sobre los propios deseos.

Con frecuencia, no obstante, el ser humano, dedicado a satisfacer de una forma inmediata los propios instintos, pierde de vista el fin último de su camino y olvida hacer el bien, incluso en aquellas situaciones desagradables que a una mirada superficial pueden parecer solamente negativas. Sería, pues, necesario considerar el desarrollo de la existencia de una forma amplia y aguda como la visión de un halcón, en lugar de hacerlo con la visión miope y estrecha de la tortuga, incapaz de imaginar lo que puede ocurrir más allá de una piedra.

Pero, al mismo tiempo, vemos que con frecuencia un acontecimiento considerado prematuramente doloroso, puede después de un cierto tiempo revelarse como una fuerte experiencia educativa y abrirse hacia nuevas y más felices posibilidades.

Es por ello que no debemos precipitarnos a recurrir a la magia cuando aparezca la primera dificultad; debemos permitir siempre que las circunstancias se expliquen por sí mismas.